梵境

乐山大佛与峨眉山揭秘

徐杉 著

四川大学出版社
SICHUAN UNIVERSITY PRESS

图书在版编目（CIP）数据

梵境：乐山大佛与峨眉山揭秘 / 徐杉著 . — 2 版
. — 成都：四川大学出版社，2022.10
（徐杉文集）
ISBN 978-7-5690-4141-5

Ⅰ. ①梵… Ⅱ. ①徐… Ⅲ. ①乐山－地方史－史料②
峨眉山市－地方史－史料 Ⅳ. ① K297.1

中国版本图书馆 CIP 数据核字（2021）第 009504 号

书　　名：梵境：乐山大佛与峨眉山揭秘
　　　　　Fanjing: Leshan Dafo yu Emei Shan Jiemi
著　　者：徐　杉
丛 书 名：徐杉文集

丛书策划：张宏辉　欧风偲
选题策划：段悟吾　黄蕴婷
责任编辑：黄蕴婷
责任校对：毛张琳
装帧设计：墨创文化
责任印制：王　炜

出版发行：四川大学出版社有限责任公司
　　　　　地址：成都市一环路南一段 24 号（610065）
　　　　　电话：（028）85408311（发行部）、85400276（总编室）
　　　　　电子邮箱：scupress@vip.163.com
　　　　　网址：https://press.scu.edu.cn
印前制作：四川胜翔数码印务设计有限公司
印刷装订：四川盛图彩色印刷有限公司

成品尺寸：170mm×240mm
印　　张：18.5
插　　页：8
字　　数：257 千字

版　　次：2020 年 4 月 第 1 版
　　　　　2022 年 10 月 第 2 版
印　　次：2022 年 10 月 第 1 次印刷
定　　价：88.00 元

本社图书如有印装质量问题，请联系发行部调换

四川大学出版社
微信公众号

建于唐代的乐山弥勒大佛，通高71米，是中国最大的一尊摩崖石刻造像

乐山弥勒大佛侧的力士造像

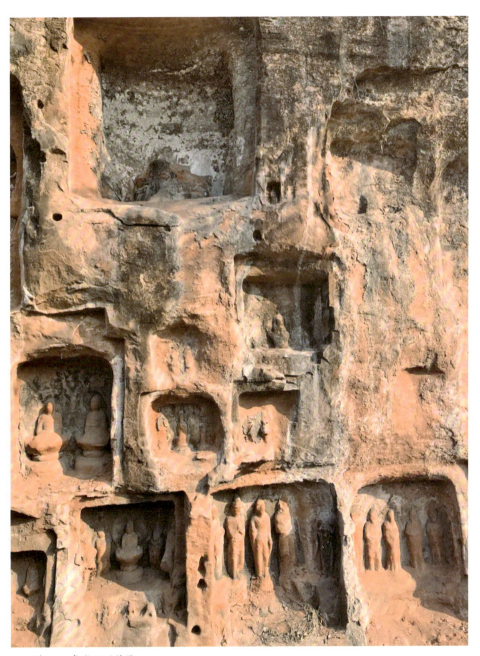

凌云山摩崖石刻佛像

开凿于唐代的夹江千佛崖

峨眉山大峨寺，现已毁

重修大峨寺碑

峨眉山万年寺三宝之贝叶经，长50厘米，宽12.5厘米，以泥金书写梵文《华严经》于黝黑色的贝多罗树叶上，共246页，为明代万历年间慈圣太后赐予峨眉山无穷禅师

峨眉山万年寺三宝之佛牙，是明嘉靖年间斯里兰卡友人所赠，长44厘米，重6.5千克，为剑齿象化石

峨眉山万年寺三宝之御印，明神宗朱翊钧钦赐，长宽各13厘米，正中筹刻"普贤愿王之宝"六字，上方刻楷体"大明万历"，左边刻"御题砖殿"，右边刻"敕赐峨山"

峨眉山太子坪，初创于明代，称万行庵，因曾供有明神宗太子牌位而得名

仙峰寺旁的仙圭石，又名天门石，上刻有"仙圭""南无普贤菩萨"

四峨山弥勒大佛由巴县居士李元山出资建造，通高一丈六。李早年从军，历任团长、旅长、副军长等职，1925年在峨眉山皈依佛门，之后在四峨山修庙建佛

峨眉山僧人

峨眉山佛学院学僧

茶禅一味

峨眉山佛学院尼众班师生

峨眉山传戒法会

峨眉山传戒法会

峨眉山僧人的早课

采访演法法师

采访宽忍法师

采访惟贤老和尚

采访果平法师

采访传薪老和尚

目 录

第五章　乐山佛教田野调查笔记选

第一章
缘 起

一个古老传说

观瞩峨眉，振锡岷岫

一个古老传说

在中国西南腹地的崇山峻岭之中，有座峡谷、峰峦、溪流、洞穴众多的山脉——峨眉山。峨眉山抚摸星辰，积蓄云雨，龙翔凤翥，一直被视为神居住的地方。然而斗转星移，岁月流淌，曾经的道家洞天福地，逐渐演变为中国四大佛教名山之一。

佛教，古印度文明的结晶，究竟是何时传入乐山的？有一个流传甚广的古老传说，讲述了佛教传入峨眉山的历程：

东汉时峨眉山药农蒲公在山顶看到普贤菩萨向他显现瑞相，于是舍屋为寺，建普光殿。这是峨眉山第一座佛教寺院，也被称为初殿。这个古老的传说尚无确切史料记载，但初殿的确是佛教传入乐山的重要标志，也被视作峨眉山佛教的起源。

在乐山市下辖的十多个区市县中，均有不同时期的佛教遗迹，而峨眉山是最突出的一个。1996年"峨眉山-乐山大佛"被联合国列为世界自然与文化双重遗产。世界遗产委员会在评价中写道：公元1世纪，在四川峨眉山景色秀丽的山巅上，落成了中国第一座佛教寺院。随着四周其他寺庙的建立，该地成为佛教的主要圣地之一。

这"第一座寺院"便是初殿。

有关蒲公的古老传说，在各类撰写峨眉山历史的文章中被反复提及。明代进士，清代先后担任武英殿大学士、兵部尚书的胡世安（？—1663）在其《译峨籁》一书中写道：

初 殿

汉永平中，癸亥六月一日，有蒲公采药于云窝，见一鹿，异之，追至绝顶无踪，乃见威光焕赫，紫气腾涌，联络交辉成光明网。骇然叹曰："此瑞希有，非天上耶！"径投西来千岁和尚告之，答曰："此是普贤祥瑞，于末法中守护如来相教，现此化利一切众生。汝可诣腾、法二师究之。"甲子，奔洛阳，参谒二师，俱告所见。师曰："善哉希有，汝得见普贤，真善知识。"[1]

蒲公将自己在山顶见到的奇异景象，告诉从天竺（古印度）来峨眉山修行的宝掌和尚。宝掌和尚回答他，这是普贤菩萨显现瑞相，于末法时期守护如来传法，以利一切众生，并让蒲公去向来华的高僧竺法兰和摄摩腾请教。于是蒲公跋山涉水，千里迢迢去洛阳拜见两位尊者，并得到指点。

其实，在西汉末年时，佛教就随商业贸易传入中国，但当时人们仅

[1] 胡世安是乐山井研县人。在峨眉山现存的文献中，胡世安所著《译峨籁》算较早的山志。

将佛教视同国内流行的神仙方术、阴阳五行、鬼神信仰等。佛教在中国能够立足并且生存发展下去，正是从迎合、吸纳中国本土文化始，经逐渐改变与融合发扬，才最终形成有中国特色的佛教。

佛教传入中国的时期，比较流行的说法是东汉。汉代明帝刘庄即位后的某一天，梦见三个金人向他飞来，仪态安闲，面容慈祥，头上有一轮金色的光圈，熠熠生辉。明帝醒来后久久不能释怀，第二天上朝时向大臣们讲述了梦中景象，并问此乃何意。有大臣答曰：天竺有得道者，名佛，能飞，皇上梦见的也许就是这位神云云。明帝闻言，决定派蔡愔等人出使天竺求佛取经。

这段关于佛教正式进入中国的记载尽管有点像传说，但从另一个角度说明佛教已经传入中国，朝中大臣对佛教也有所了解。

佛教在公元1世纪初就传入中国，这在史籍中有确切的记录。

蔡愔等人奉旨跋山涉水，历经千辛万苦到达了大月氏国。大月氏原属于月氏国，在今天敦煌、祁连山一带。汉武帝时大月氏被匈奴打败，不得不向西迁徙，到达今新疆西部伊犁河流域及以西地区。大月氏征服大夏国后建立起国家，同时也接受了大夏国的佛教信仰。公元前1世纪佛教在当地十分流行，蔡愔在此遇见了从天竺来传法的高僧竺法兰与摄摩腾。

蔡愔大喜过望，极力邀请竺法兰与摄摩腾去中原，可是两位高僧的弟子以及追随者以各种理由反对。但竺法兰和摄摩腾正希望有机会到东土传法，于是不顾劝阻，特地挑选了几匹健壮的白马，驮运大量佛经跟随蔡愔前往洛阳。

明帝为了欢迎两位远道而来的天竺高僧，下旨在城西雍门外修建一座寺院，因见他们以白马驮佛经而来，故为寺院取名白马寺。这是我国史书上记载的第一座佛教寺院，建成时间是公元67年。

竺法兰与摄摩腾到洛阳后，竭尽全力传播佛法。据称，他们到洛阳后不久就能讲一口流利的汉语，后来又着手翻译从西域带来的佛经。不过经历战乱，他们翻译的佛经中只有《四十二章经》存世。

《四十二章经》又称《佛说四十二章经》。竺法兰与摄摩腾把佛所说的某一段话称为一章，共选辑了佛陀关于持戒、忍辱、断欲、精进、观空等42段语录。翻译言简意赅，明了易懂，通摄早期佛教教义，涵诸法要，可以称得上开创了中国佛教的先河。

两位天竺高僧把自己的余生奉献给了中国佛教事业，相继客死洛阳，葬于白马寺内。

对蒲公拜见竺法兰与摄摩腾返回后，舍家为寺，在峨眉山建第一座佛寺之事，有学者提出质疑：摄摩腾与竺法兰来中国的时间是永平十年（公元67年），而蒲公去洛阳是永平七年（公元64年），时间不吻合。但笔者认为蒲公的传说契合历史的某种暗喻。

明代官员、学者曹学佺（1574—1646）在《蜀中广记》卷十一写道："（峨眉山）有蒲氏村，蒲人居之，云汉蒲公之后。"《蜀中广记》是一部重要的地方文献。曹学佺在蜀中任职的四年间完成了初稿，后被罢免离蜀，在家乡完成修订整理，大约在万历四十二年（公元1614年）才成书。由此可以看出，蒲公的传说不但流传已久，而且影响范围甚广。

曹学佺之后，蒋超（1524—1673）①在他编撰的《峨眉山志》卷二引用胡世安《译峨籁》中关于蒲公在峨眉山顶见到普贤祥瑞的记述，写道"蒲归乃建普光殿，安愿王（普贤）像"，认为峨眉山以普贤为尊的传统由此开启。

---

① 蒋超是顺治四年（公元1647年）探花（一甲第三名），1672年到峨眉山出家为僧，最后圆寂于峨眉山。

清嘉庆年间编撰的《嘉定府志》也写道："蒲公建普光殿于峨眉山，奉愿王经，群寺之冠，莫先于斯。"

佛教传入峨眉山之前，带有巫术以及神秘色彩的道教是该地民众信仰的主流宗教。佛教传入之后，两者的对抗与碰撞在所难免。古印度文明要想在这片土地上立足，就不能莽撞冒失，必须小心翼翼向影响深远的中国本土宗教靠拢，贴近带有神仙方术的文化体系。因此，早期佛教的表述中有大量神仙传说。

卷五　六历代高僧
卷六　七王臣外护
卷七　八仙隐流寓
　　　九古今艺文
卷八　十动植物产
　　　十一蒋编志馀

峨眉山志 柴菜恭绰敂题 下册

民国二十三年刊刻出版的《峨眉山志》

比如南朝梁代的中国高僧、佛教史学家慧皎（497—554）著的《高僧传》就记载了自东汉明帝至梁代高僧257人的事迹，全书共14卷，分别为译经、义解、神异等十类，其中"神异"类就记述一些有特异功能的高僧。

蒲公的传说就有那个时代的烙印。而到清初，蒲公的传说在引用时被加以渲染，大约也是一些作者为了躲避严酷的文字狱，自由地表达自己的思想而采取的迂回措施。

佛教究竟何时传入乐山，是东汉，还是东晋？对此，学界一直存在争议。近些年来，在乐山周边的夹江、彭山、雅安一带不断发现东汉时期的佛教遗物，其时间与蒲公在峨眉山建寺相当。

乐山麻浩崖墓是建于东汉时期的崖墓群，1988年被国务院列为全国重点文物保护单位。其规模东西长约200米，目前有编号的崖墓544座，层层叠叠，墓门披连，密如蜂房。墓中的文物保存着许多汉代建筑、车

乐山麻浩崖墓外观

乐山柿子湾汉代崖墓群

马伎乐、鸟兽虫鱼的图形，且有不少历史题材的神话故事，以及画像石棺、书法题刻。在中后室甬道口外门楣上，刻有一尊高浮雕坐佛，通高37厘米，被一些学者称为"麻浩佛像"，认为是中国最早的佛教造像之一。

在据麻浩崖墓不远的柿子湾，也发现有年代相近的佛教造像。

另外，在曾经隶属乐山的彭山县出土的汉代文物中也有佛教造像，其中最有代表性的就是一尊陶摇钱树的底座佛像，能清晰地看到佛像头部高高的肉髻①。

特定人物、特定事件、地方风物传说，大都具有重要的历史意义。这些可以从另一个角度印证东汉时期蒲公建寺的传说并非完全虚构。

彭山汉代崖墓中的佛教造像

---

① 肉髻，也称顶髻、佛顶、顶上肉髻相、顶髻相，其形如髻，乃尊贵之相，是佛三十二相之一。

观瞩峨眉，振锡岷岫

东晋，高僧慧持（337—412）欲"观瞩峨眉，振锡岷岫"，来到峨眉山传播佛法。这是关于佛教传入乐山的确切文字记载。

佛教自东汉初年正式传入中国之后，经过两百多年韬光养晦、自我改造的漫长探索，到东晋时才初步站稳脚跟。两大古老的文明体系中看似对立的两大宗教，既斗争又调和，互为促进，并蒂开放。

慧持在峨眉山兴建了普贤寺，这是峨眉山第一座比较正规的佛寺，也是万年寺的前身。该寺经过唐、宋、明三代佛门僧人的努力，成为峨眉山的代表性古刹之一。如今，万年寺不但是每年朝拜者光顾最多的寺院之一，还是全国重点文物保护单位。

慧持与净土宗高僧慧远是两兄弟，俗姓贾，雁门郡楼烦县（今山西原平市）人，出生于官宦之家，天资聪颖，敏而好学，从小饱览儒道典籍。兄弟俩成年后厌倦动荡不安的现状，打算远渡江东，寻觅一块安静之地避世隐居。可是途中又遇战乱，南下之路阻塞。二人正一筹莫展之时，听闻佛图澄的弟子道安（312—385）在恒山讲佛法，于是一同前往。在听道安讲《般若经》之后，据《高僧传》卷六称，他们"豁然而悟"，决定削发为僧。那一年慧远21岁，慧持18岁。

几经蹉跎，慧远在庐山建东林寺，这座寺院后来成为中国佛教净土宗的发源地之一。慧持在庐山的众多僧人中出类拔萃，不但精通三藏，擅长文史，且身材挺拔，丰神俊朗。就在东林寺名声日隆之际，慧持向哥哥告辞，准备前往遥远的蜀地，实现"观瞩峨眉，振锡岷岫"的愿望。慧远苦留不住，叹道："人生爱聚，汝独乐离，如何？"慧持答："若滞情爱者本不应出家，今既割欲求道，正以西方为耳。"

慧远知道兄弟去意已决，只得挥泪而别。这一别，两人再没有聚首。

慧持于公元399年入蜀时已62岁。他的举动在当时无疑是人类年龄障碍的一次挑战。

在慧持修建普贤寺四百多年后，唐代慧通禅师来到峨眉山，发现整个山形像"火"，而寺院又屡毁于火灾，便将普贤寺改为白水寺。

宋太平兴国五年（公元980年），寺僧茂真奉诏入朝，太宗赐诗嘉奖。归来后，茂真重兴六寺。朝廷派张仁赞赐尚方金三千两，铸普贤铜像，高7.4米，供奉寺中，易名为白水普贤寺。

万历二十九年（公元1601年），明神宗朱翊钧为母亲慈圣皇太后祝寿，诏令住持整修寺院，并赐金，筑砖殿罩于普贤铜像之上，题额"圣

峨眉山六大古寺之一——万年寺

寿万年寺"。"万年寺"一名从此沿用至今。

慧持入蜀以来,不仅对峨眉山佛教发展起了至关重要的作用,还对川西地区的佛教产生了深远的影响。

慧持与其兄慧远性格不同。慧远在庐山三十年,修身弘道,著书立说,迹不入俗,影不出山,几乎不与外界往来。而慧持却与一些朝廷官员保持往来。他送姑姑到京城建康(今南京)时,受到尚书令王珣热情款待。王珣崇信佛法,修建精舍,延请各地名僧说法以及翻译佛经,慧持便是受邀的名僧之一。王珣还请罽宾国僧人僧伽提婆翻译《中阿含经》并校改《增一阿含经》。慧持参与了翻译和校订工作。

慧持当时的名声与哥哥慧远不相上下,有人称赞道:"远持兄弟也,绰绰焉,信有道风也。"

慧持入蜀走到荆州时,荆州刺史殷仲堪,以及后来逼晋安帝禅位、在建康称帝的桓玄,都殷勤挽留。由此也可看出慧持的影响与人格魅力。

慧持到达蜀地后,又受到益州刺史毛璩的推崇。慧持讲经说法生动有趣,信众以能到慧持讲经的寺院亲耳聆听为荣,将此事称为"登龙门"。蜀地比较有名望的僧人慧岩、僧恭等,也对慧持非常敬仰。

慧持到蜀地三年后,桓玄率兵攻入建康。与慧持相识的殷仲堪、王珣等均卷入纷争之中。桓玄废晋安帝自立之后,刘裕起兵攻打桓玄,桓玄之子桓振攻陷了都城江陵。

公元405年,毛璩遣谯纵等领兵东下征讨桓玄,毛璩的弟弟毛瑾、毛瑗也率军而下,准备几路会师协同作战。不料谯纵队伍中途兵变,拥谯纵为王。谯纵领兵反晋,不但杀了毛璩的弟弟毛瑾,后来还灭了毛璩一家,最后自称成都王,建西蜀政权。

谯纵担心毛璩余部反扑,对凡与毛璩过往甚密的人都不放过。慧岩与毛璩是多年的朋友，因毛璩之死而悲伤。谯纵招僧设会，寻机将慧岩杀死。世间顿时人心惶惶——一个与世无争的僧人尚且性命难保，何况其他人？慧持与其他僧人只得暂到郫县中陀寺避难。

公元412年，慧持在成都龙渊寺圆寂，终年76岁。

慧持在峨眉山弘传佛法时，峨眉山的主流宗教还是道教，许多人将胡人带来的宗教视作稀奇的外道，对其既瞧不起也十分戒备，两方公开或半公开角力在所难免。比如，《老子化胡经》《老子想尔注》等，说老子到西方教化胡人，甚至说老子是佛祖释迦牟尼的师父。这些花样百出、离奇荒诞的传说，在魏晋时期层出不穷。而当时佛教传入中国时间不长，势单力薄，只能隐忍不发，委曲求全。

慧持在峨眉山经历了什么，今天无从得知，但从公元446年北魏太武帝灭佛，毁掉四万座佛寺，令三百万僧人还俗这一史实，可以想象他在彼时的艰难。

有关慧持的许多传说中，南宋释普济的《五灯会元》的记载最为有名：

宋徽宗政和三年（公元1113年），嘉州（今乐山）道路旁有一株古树被大风吹断，不想树中竟有一老僧禅定，须发盖身，指甲环绕，看上去入定时间已经非常久远。嘉州地方官见状大惊，连忙上奏朝廷。徽宗下旨将老僧抬到京城，并让西天总持三藏法师用金磬使其出定，问他是哪个朝代的和尚。慧持出定后答："我乃庐山东林寺慧远之弟，名慧持，云游峨眉山后在树中入定，也不知眼下是何朝代？慧远可好？"总持说："慧远法师是东晋人，离世七百年了。"慧持听罢不再多言，随后又入定了。徽宗皇帝命人为他画像，颁行天下，并写了三首诗赞颂他。

佛教自东汉传入中国，但影响一直不大，到魏晋南北朝时期，与玄学结合后，才有了广泛而深入的影响。另外，魏晋五胡十六国时期，群雄混战，生灵涂炭，战乱阴影长久笼罩。人们渴望心灵的寄托和安慰，而中原原有的礼教体制受到挑战，于是寄希望于佛教。

此外，佛教的理念也与那些内迁民族的治理思想相契合。比如，十六国时期后赵的建立者石勒、后秦文桓帝姚兴等皆是虔诚的佛教徒。后来的辽、西夏将佛教推向了至高无上的地位。

西晋灭亡后，司马睿在江南建立了东晋，权力重心南移，加之一些北方高僧为避战乱来到南方，推动了佛教在南方的传播。乐山的佛教正是在这一时期得到了发展。同时，乐山的佛教还受到"蜀—身毒道"的影响。"蜀—身毒道"即由古印度穿过缅甸再经云南到达四川的一条要道，也称"南方丝绸之路"。这条路虽然没有西汉时期北方丝绸之路有名，但沿线的民间贸易往来并不比北方丝绸之路晚。乐山是南方丝绸之路的重要节点，近些年考古发现的佛教文物也印证了佛教除了由北方传入外，还通过这条路进入蜀地这一史实。

第二章
乐山佛教的演变与发展

鹤之声

道佛之间由相争到相容

……

鹤之声

不知是冥冥之中的巧遇，还是上天赋予的使命，公元前6世纪，在东方相继诞生了三位光照千秋的伟人：老子、孔子、释迦牟尼。他们分别创立了道、儒、佛三大思想体系，并一直影响着中国乃至亚洲，甚至更广泛的区域。

老子、孔子是中国人，他们的学说在此后两千多年里，缤纷多彩，灿烂夺目。释迦牟尼是古印度人，然而他创立的佛教却以水滴石穿之力汇入中华大地，最终成为中国传统文化的一部分。

在道、儒、佛三教之中，道教的思想渊源可以追溯到古老的鬼神崇拜以及神仙信仰。

春秋战国时期，一些从事天文、地理、医术等方面的学者，从诸子百家中分流出来自成一体。他们研究宇宙天体与人类的神秘关系，认为人的身体本身就是一个小宇宙，只要努力修炼，最终会修成长生不老之躯，与天地日月共存。他们将这个寻找长生之道的过程称为修行。

于是，在那个时代，炼丹修行、寻仙问道便十分盛行。从秦始皇命徐福率三千童男童女于蓬莱求不死之药一事，就可以看出神仙方术的活跃程度和影响范围。这些神仙方士有的以丹药养生为主，有的以精神超脱养生为主，目的都是为获得超自然的能力——长生不老。

东汉顺帝（126—144）时期，张道陵从江苏丰县来到蜀地，在鹤鸣山修炼长生之道。他早年博通六经，又熟知黄老之学与神仙方术，到蜀地后吸收当地原始宗教的一些元素，创立了五斗米教，奉老子为教主，以《道德经》为主要经典。其教规约定凡入教者须交五斗米，存入"天仓"，以备凶年饥岁，以及供往来教民之所需，故称"五斗米教"。

五斗米教的出现标志着道教教团的正式成立。道教发源地鹤鸣山山形像鹤，因而教团将"鹤"视为道教追求的洒脱、超越、自由与长寿的象征。

有道教徒称张道陵的先祖是帮助刘邦建立汉朝的张良。当新帝表示愿意赐给张良任何一块土地时，张良却选择了靠近蜀地留坝的一个偏僻冷清的地方。他深谙"飞鸟尽，良弓藏"之道，自请告退，离开权力中心，从繁杂的俗务中抽身，转而专心辟谷，导引轻身，修仙求道。张良晚年的踪迹几乎看不到任何记载，他葬于何地至今也众说纷纭。在一些有关道家的书籍中，他被描写成一位谋臣，也是一位隐士。他的两个儿子，一个留在红尘中享受荣华富贵却遭到灭顶之灾，另一个隐居不显则得以保全。张道陵正是这个隐居不显的儿子的第七代。

传说张道陵入蜀后常以医术为人解除痛苦，又开辟咸泉让人煮盐获利，因而广受百姓拥戴，被尊称为"张天师"。张道陵还按照农历二十四个节气，将蜀地分为二十四个教区，称"二十四治"。治中废除朝廷官吏，取缔巫师巫教，设"祭酒"为道长，兼行政教双重职能。

峨眉被张道陵划为第一治，也称"峨眉治"。

峨眉山一直被视为隐士的天堂，成为道家的辖区后，吸引了许多人来此修炼，以图得道成仙，长生不老。得道成仙者究竟是什么模样？葛洪所著的《神仙传》一书中这样描述："仙人者，或竦身入山，无翅而飞；或驾龙乘云，上造太阶；或化为鸟兽，浮游青云，潜行江海，翱翔名山；或食元气；或茹芝草……体有奇毛，恋好深僻，不交流俗。"

葛洪（284—364），号抱朴子，是东晋著名的道教学者、医药学家。他在书中讲述了90多位仙人的传奇故事，借以传播"神化可得，不死可学"的思想，也告知世人，在广袤的世界中，神仙虽然幽隐，不交流俗，但无所不在。

中国著名的神仙，如左慈、孙思邈、吕洞宾、陈抟等，都在峨眉山留下了踪迹。甚至家喻户晓的《白蛇传》女主角白娘子，也被描述成在峨眉山修炼得道，再下山辗转去杭州西湖，与许仙演绎了一段人与仙之间的凄美爱情。峨眉山上的白龙洞，就是传说中白蛇修炼的地方，至今每逢初一、十五，还有一些老人前去焚香祭拜，以求得到白蛇娘娘的保佑。

被称为上古三大奇书之一的《山海经》，把峨眉山称为"皇人之山"①。据《云笈七籖》载，道家有三十六洞天，峨眉是第七洞天。《魏书·释老志》载："道家之源出于老子……授轩辕于峨眉，教帝喾于牧德。"

轩辕是远古时期部落联盟首领，也称黄帝，为中华民族始祖。他曾经率兵战胜入侵的蚩尤，又教百姓学习稼穑，让人们逐渐脱离漂泊游牧的生活而定居下来。据传，轩辕在峨眉山得仙人所授经书，昼夜诵读，细心领悟，刻苦修炼，最终得道。

轩辕得道后潜心培养曾孙帝喾。帝喾自小聪颖，十二三岁便有盛名，15岁辅佐颛顼，30岁登帝位，造就了上古时代的太平盛世。三国时期著名文学家曹植曾作《帝喾赞》曰："祖自轩辕，玄嚣之裔。生言其名，木德治世。抚宁天地，神圣灵宾。教讫四海，明并日月。"黄帝、颛顼、帝喾三人都被称为中华民族的祖先，也是后世的楷模，在道教典籍中，他们高尚的品格和治国才能，被视为老子道德思想教化的结果。

---

① "皇人"是老子在仙界的称谓。

　　峨眉山仙峰寺，古名慈延寺、仙峰禅院。寺后翠竹林中有一古
洞，相传轩辕黄帝曾在此遇见九皇仙人，故名九老洞

　　　　　　　　至今供奉着道家财神的峨眉山九老洞

虽然佛教很早就传入了峨眉山，但在普贤道场形成之前，道教一直是峨眉山的主流宗教。佛教是古印度文明的结晶，它传入中国，对中国本土宗教产生了很大的冲击。可以说道教也正是在这种冲击下，到南北朝时逐渐完善了自身的宗教形式。而以峨眉山为代表的乐山佛教，也是在与道教的碰撞中，逐渐吸纳融合，最终得以发扬光大的。

道佛之间由相争到相容

中国古代官方的主流思想以儒学为主，故佛教传入东土后，更多是与道教相争。道教与佛教最初争论的焦点是谁的祖师更早诞生。《老子化胡经》便是这一时期的产物。书中说老子令自己的学生函谷关令尹喜前往天竺，入白净夫人之口，降生后舍弃王位，入山修行，成五上道，号为佛陀。

《老子化胡经》想以佛陀是老子的徒弟，证明自己的祖师更早诞生，因此道教地位在佛教之上。

祖师先后之争后，夷夏之辨又开始了。夏是我国历史上的第一个朝代，华夏便成为中国的代称，而"夷"则指中原以外各族。

在中国第一座佛教寺院白马寺建成的第四年，有六百多名道士联名上奏朝廷，指责尊佛是舍本就末，佛教教理教义与华夏无关，甚至背道而驰，应当逐出。为了证明道比佛更强，道士们还要求与佛教徒进行方术比赛。虽然今天看来这场道佛方术比赛有些荒诞，其事件真伪也有待考证，但其从一个侧面体现出道教对佛教的强烈抵制。

魏晋南北朝时顾欢的《夷夏论》，再次引发道佛之间的激烈争论。顾欢从儒家角度辩论，尊崇道教，强调华夷种族不同，地域不同，文化不同，认为佛教是夷狄之教，应当大力排拒。

以后南齐道士假托张融之名写《三破论》一书，攻击佛教"入国破国，入家破家，入身破身"。对此，著名文学理论家、《文心雕龙》的作者刘勰写下《灭惑论》加以驳斥。这场争论直到现在仍有学者在关注和研究。

不过，道佛之争只停留在笔墨之争、口舌之争上，并没有爆发类似西方的宗教战争，这大约与道家清静无为的理念和佛教在东传过程中秉承的慈悲为怀有关，所以即便在两种不同的文化发生碰撞，甚至激烈的交锋之时，也不至于你死我活、刀剑相向。

虽然有关谁的祖师更早诞生的争论及夷夏之争还进行着，远离京城的峨眉山却在不声不响中发生着变化。

最有代表性的就是道教的乾明观改为佛教的中峰寺。关于中峰寺改宗，有一个带有浓厚神话色彩的传说：

一个叫明果的和尚，在乾明观附近的山坡上，见几个道士正准备沿一座彩虹桥升天。据称每年的这一天都有几个道士在这里升天。"白日飞升"被视为修炼成仙的最高境界之一。明果慧眼识珠，发现彩虹桥为巨蟒施法术所变，于是果断地用手中的禅杖将巨蟒打死，救下了那些即将被吞噬的道士。事后他又带道士们向巨蟒藏身的洞穴走去。面对地上的白骨和残留的道袍，道士们恍然大悟，原来往昔升天的道人并没有得道成仙，而是成了巨蟒的猎物！追悔之余，道人们弃道信佛，拜明果为师，改道观为佛寺。

这个故事被一些人认为是佛教徒为反击道教杜撰的，不过与同《老子化胡经》针锋相对的《汉法本内传》之类相比，倒是温和了许多，而明果和尚也是确有其人。《峨眉山志》（四川省地方志编纂委员会，四川科技出版社1997年版）中载："晋，明果大师，四川资州人，在峨眉山结茅住锡。当时乾明观中道士不睦，多数道士弃观下山。留下的道士改道从佛，请明果大师住持。乾明观改为中峰寺。"

中峰寺是峨眉山第一座由道转佛的庙宇，后来成为峨眉山六大古寺之一。宋明时期，中峰寺高僧辈出，成为峨眉山最有影响的寺院之一。

从东汉到宋元，道佛两家一直在争论，汉明帝、周武帝、武则天等帝王甚至还召集官员听各派的辩论。其实道佛之间的冲突，往往与当时经济、社会、政治、民族等各种矛盾交织在一起，故多有灭佛灭道之事。

峨眉山六大古寺之一中峰寺额匾

峨眉山的道佛矛盾相比于其他地方表现得更温和，这与当地长久以来的隐士文化有关。

　中峰寺大殿

远在春秋时代，就有人到峨眉山避世，远离尘世纷争。最有名的当数从楚国来的陆通，他曾嘲笑名震齐鲁的孔子，也不接受楚王的高官厚禄，而是偕妻子到峨眉山隐居避世，被人称为楚狂。后世陈子昂、李白等都在峨眉山题诗纪念这位隐士。

　　陆通的故事载于《高士传》。高士，多指隐士。隐士在中国是一个特殊的群体，虽然人数不多，但却集智慧与美德于一身，是人们心中的理想人物。正是在这种隐士文化的潜移默化之下，峨眉山逐渐形成了一种包容忍让的传统，当地善男信女求仙拜佛，各取所需，顶礼诸神。

峨眉山纯阳殿，原是一处道观，供奉八仙之一的吕洞宾。清朝中后期，殿中最后一批道人离开峨眉山，纯阳殿从此成为佛教寺院

所以，即使到清朝中晚期，道士们彻底退出峨眉山（大峨山）之后，山上的一些佛教寺院依旧保留了道家名称，如纯阳殿、九老洞、玉皇楼、回龙观等。

峨眉山道佛之间由相争到相容，一方面表现出本土文化的自信与包容，另一方面也展示了古印度文化的机智与善巧。

依靠皇权弘传佛法

佛教在融入中国本土文化的过程中，比较突出的一点就是依托中国的皇权。

古代中国，皇帝是"天子"，不但拥有世俗的最高权力，也是上天意志的代表。皇帝一言九鼎，至高无上。

作为一种异域文明，佛教传入中国后不仅受到皇权的控制，更有来自士大夫阶层在意识形态方面的抨击与排斥。因此，东晋名僧道安提出"不依国主，法事难立"。这使后来许多佛门高僧注意与朝廷以及地方官员保持友好的关系。

天台宗的实际创始人智者大师（538—597）就是一个例证。智者大师是一个充满传奇的人物，俗姓陈，公元591年应隋炀帝杨广之邀到扬州为其受菩萨戒，事后杨广亲自写了一篇受戒文记录此事，并赠"智者"号，故后人常称他智者大师。他的故事流传至今，峨眉山圣水禅院门外也仍然矗立着他的衣钵塔。陈宣帝在位时对他十分敬重，把整个天台的赋税都用于供养寺院。后来的陈后主、隋炀帝都与他交往甚密。这为他总结定慧双修的佛教思想，形成自己止观学说理论体系创造了极好的条件。智者大师将中国佛教的止、观、教合为一体，讲求止观并重，定慧双修，在中国佛教史上构成了一个完整的宗派——天台宗。他一生云游四方，不但在峨眉山圣水禅院门口留下衣钵塔，还留下经久不衰的"神水通楚"的传说。

峨眉山圣水禅院山门处的智者大师衣钵塔

经过魏晋南北朝以及短暂的隋朝，佛教在中国逐渐强大起来。究其原因，依托皇权至关重要。

初唐以来，佛教由于武则天的支持而得以迅速发展。身为女性的武则天欲登皇位，遭到了激烈的反对。公元684年，武后废中宗立睿宗后，驻扎于扬州的李敬业起兵伐武，谋士骆宾王写了一篇气势磅礴、文采飞扬的檄文《伐武曌檄》。

虽然李敬业的伐武军不久就被击败，但武则天也意识到，必须从理论上证明自己称帝是名正言顺，才能稳定天下人心。于是一部《大云经》流传开来，经中称，一位叫净光的天女，被佛预言将当国王，因为这位天女是菩萨化为女身；净光天女现受女身，天下诸人要奉此女以继王嗣。

《旧唐书》卷六《本纪第六·则天皇后》载："有沙门十人伪撰《大云经》，表上之，盛言神皇受命之事。制颁于天下，令诸州各置大云寺，总度僧千人。"公元690年，有十个和尚撰《大云经》上表，称武则天是受命称帝。于是武则天向天下颁布，令各州建造大云寺，并选千人到寺中出家为僧。

《旧唐书》卷一八三《列传第一百三十三·外戚》更是指名道姓说伪作《大云经》者就是薛怀义、法明等人，他们在《大云经》中称武则天是弥勒转世。而武则天不但将《大云经》颁布天下，还命各寺收藏一本，并升高坐讲说此经。"怀义与法明等造《大云经》，陈符命，言则天是弥勒下生，作阎浮提主，唐氏合微，故则天革命称周……其伪《大云经》颁于天下寺，各藏一本，令升高坐讲说。"

后世有学者指出，《大云经》并非伪撰。不过，《大云经》问世后，由于武则天的推广，弥勒信仰得到广泛传播。从那一时期的佛教造像来看，弥勒造像仅次于佛祖释迦牟尼造像，就是一个明证。但武则天并没有因为对佛教有好感而打压道教。

据称，当时有僧人借机向武则天提出销毁《老子化胡经》，但武则天并没独断专行，而是召几个儒家学者发表意见，最终以"汉隋诸书所载不当削除"为理由，将其保留下来。

唐玄宗即位后，乐山凌云山巨型弥勒佛像开凿。正是因为皇帝支持，蜀地用盐税、麻税修造弥勒佛像才成为可能。佛像开凿历经四位皇帝，前后90年，云集了国内大量能工巧匠，使当时的佛教中心逐渐向西南转移。

凌云山弥勒大佛开凿，并非传说的是海通和尚为治理水患而为，而是出于国家统治的需要。当时对大唐王朝威胁最大的两个少数民族是吐蕃与南诏。唐朝军队与之进行了多年拉锯战，屡屡受挫，甚至皇帝也不得不逃出京城避难。

最终，统治者意识到要在不同种族、不同文化之间建立共同的精神支柱，以避免战争，促进少数民族接受中原文化。在反复思索后，统治者选择了佛教，期望以佛教宣威教化，缓和矛盾。这就是开凿乐山大佛的真正目的，与龙门石窟的开凿异曲同工。

佛像开凿过程中，章仇兼琼、韦皋两位位高权重的西川节度使，分别捐出自己的俸禄，垂范官吏、商贾、乡绅。尤其是韦皋，由一名战功卓著的武将，逐渐成为一名虔诚的佛教徒。

《高僧传》中载，韦皋向高僧神会学习佛法，由于经常诵经，连家里的鹦鹉也能背诵《金刚经》。南诏归降后，韦皋不但派大量工匠去传授技艺，还让南诏权贵子女到成都读书学习。如今云贵一带的主流宗教是佛教，与韦皋当年的极力推广有关。

乐山佛教兴旺时期，仅方圆不到四平方公里的凌云山，就有佛教寺院九座。而唐末，佛教与国家在经济上发生矛盾，也与道教因争夺宗教地位而产生争斗，于是武宗皇帝下令灭佛，史称"会昌法难"。"会昌法难"中，凌云山八座寺院被毁，仅凌云寺幸免于难。

宋代，峨眉山佛教与道教开始并驾齐驱。之前，虽然普贤道场初步建立，但道教依旧是主流。宋乾德二年（公元964年），释继业奉太祖诏，率三百僧人到天竺取经，12年后返回。太祖大喜，让他择名山住锡修行。

祖籍陕西耀县的继业选择了远离京城的峨眉山。在这里，他潜心翻译注疏佛经，并扩建了牛心寺。

宋太平兴国五年（公元980年），白水寺（今万年寺）高僧茂真奉诏入朝，因料事如神，受到太宗皇帝嘉誉，获赐黄金三千两，归山后铜铸62吨普贤骑象像，供奉于寺中，使峨眉山声名远播。

峨眉山六大古寺之一——牛心寺（位于现清音阁之后）

南宋，中峰寺别峰禅师将禅宗发扬光大，被孝宗皇帝拜为国师。别峰禅师圆寂后，著名词人陆游为他撰写塔铭。

高僧继业来峨眉山翻译注疏佛经，以及茂真铸普贤铜像，使地处偏远、交通不便的峨眉山引起了朝廷更多的关注。根据范成大《峨眉山行纪》记述可知，当时峨眉山有佛教寺院21座，与如今峨眉山拥有的寺院数量接近。

北宋铜铸普贤骑象像

明代，峨眉山佛教与帝王有了更密切的联系，从宝昙国师重建铁瓦

殿，楚山和尚扩建千佛禅院（洪椿坪），到通天和尚开建护国草庵寺，无穷和尚建慈圣庵、大佛殿，大用和尚建新开寺，德佑和尚重建保宁寺，再到别传和尚重修铁瓦殿、铸普贤铜像，等等，许多佛寺的修建都是在帝王及王公大臣的大力倡导和资金资助下完成的。

明朝朝廷先后对峨眉山佛教有十多次赏赐。其中，当数神宗皇帝朱翊钧（1573—1620）与其母李氏赏赐最多。

李氏出生寒微，父亲原是漷县的农民，因家乡遭灾，为避难，带女儿进京。李氏最初在裕王府为婢女，后因貌美聪慧被纳为妾，裕王朱载垕登基后封其为贵妃。李氏之子朱翊钧即位后，尊母亲为慈圣皇太后。

慈圣皇太后一生笃信佛教，并深深影响了自己的儿子。朱翊钧为其母贺七十寿辰而建万年寺无梁砖殿，并题名圣寿万年寺；万年寺外的慈圣庵，则是无穷禅师为感谢皇太后厚爱率峨眉山僧修建而成的；峨眉城东大佛殿内12米高的千手千眼观音，是在慈圣皇太后的资助下，由无穷和尚领建的。除了钦赐五大典12部、百吉幡2幢等，慈圣皇太后还赐黄金若干，添置田庄，让寺院僧人生活有了保障。无穷和尚在京城圆寂后，朝廷派两名内使送其灵骨回峨眉山，葬于万年寺附近的钵盂峰。

明代，峨眉山的佛教进入全盛时期。有资料记载，当时峨眉山有寺庵108座，也有数据显示是205座。根据光绪十二年（公元1886年）开始编撰的《峨山图说》，后一个数据似乎更可信。清末，峨眉山佛教开始衰落，但据《峨山图说》，到1886年尚有120座寺院，那么，在全盛时期的明代，寺庵数量应该远远超过这个数字。

峨眉山的道教在这一时期开始转衰，虽然张三丰、明光道人等来峨眉山以图振兴，但收效甚微。一些道士逐渐向二峨山转移，使猪肝洞一带宫观林立。他们在那里陆续修建了玉皇殿、老君殿、东岳殿、紫芝殿、纯阳楼、清虚楼、灵观楼、灵霄殿等。曾有明代诗人写道："人间

为纪念明代万历皇帝母亲慈圣皇太后而建的慈圣庵

清末《峨山图说》中绘制的二峨山、三峨山道教宫观分布图

何处访丹丘，独到紫芝最上头。洞府无尘人意好，仙源得路道清幽。"

清初，峨眉山佛教延续着明代的兴旺。康熙皇帝曾亲自为峨眉山的伏虎寺、洪椿坪、大峨寺、卧云庵、万年寺等撰写诗联匾额，还派遣侍卫大臣海青五格亲王到峨眉山清音阁，向山上各大寺庙颁赐诗联和经书。

相传康熙皇帝曾微服私访至峨眉，在考察吏治的同时，寻找父亲顺治的下落。此行让他体会到，一个帝王应该行菩萨之道，让百姓休养生息。峨眉山僧人称他与其孙乾隆皇帝是菩萨转世，将他俩塑于伏虎寺罗汉堂五百罗汉之列。到了清朝末年，随着国力衰弱，乐山佛教也走向衰落。

纵观乐山佛教历史，佛教自传入以来，几度兴衰。当佛教与儒家文化和道教文化发生矛盾时，当僧侣与地主间发生利益纷争时，佛教就会遭到打击。"三武一宗"灭佛事件都是在这样背景下爆发的。

当时的社会现实是神权必须臣服于王权，宗教必须为封建统治者服务。佛教在这种环境中，备尝艰辛，忍辱负重，不得不自我改造，学会"依国主"，以便"法事立"，依靠皇权弘传佛法，终于让佛教在中华土地上生根发芽。

出世与忠孝

印度的佛教传入中国后，除了与道教理念不同外，也与作为国家意识形态主流的儒家学说产生了冲突。儒家学说建立在以血缘宗亲为纽带的封建伦理基础上，强调"忠君"与"孝亲"，而起缘于印度的佛教的价值观则建立在"出世"与"无我"基础上。

《三破论》中所谓"入身破身"，就是指僧侣剃须发、不娶亲、不传宗接代。"出家"被视为"不孝"，而"出世"则被指责为"不忠"。

针对这一情况，佛经翻译家们调整和改变古印度佛教原有的伦理观念，尽量向中国的儒家观念靠近，而一些高僧也在自己的著述中以佛说孝。如慧远所著的《沙门不敬王者论》说："悦释迦之风者，辄先奉亲而敬君；变俗投簪者，必待命而顺动。若君亲有疑，则退求其志，以俟同悟。斯乃佛教之所以重资生，助王化于治道者也……"意思是：喜欢佛教的人，应该把奉亲敬君放在首位，如果得不到君亲的理解和认可，则应该反省自己，以求双方都得到理解，这是佛教对民生以及助君王治理国家大有裨益之处。

被称为佛教百科全书的《法苑珠林》，特别编撰了"忠孝篇""不孝篇""报恩篇""背恩篇"，引用经论述说佛教中的孝亲之义，述说不孝顺父母堕地狱的种种果报，强调佛弟子报如来恩、父母恩的要义以及忘恩背义的果报。这本由唐代道世法师编纂而成的书籍，带有深刻的儒家烙印，尤其是关于孝道和报恩的内容，由于适应了中国人的伦理观念，故而增进了中国人对佛教的亲切感。

由西晋高僧竺法护翻译的《盂兰盆经》，亦称《佛说盂兰盆经》，堪称佛教中的孝经。《盂兰盆经》讲述了佛祖释迦牟尼的十大弟子之一目连的故事。目连以神通看见自己的母亲在饿鬼道中倒悬着，皮包骨头，不得饮食，为此深感悲哀，用钵盛饭食送给母亲，可是食还未入口，就化为火碳。目连请求佛祖解除母亲的苦难。佛祖说："七月十五安居结束时，在盆里盛上百味食物，供养十方僧众。这样不仅能解除你母亲倒悬之苦，还能救双亲乃至七世父母出苦海。"

《目连救母》的故事被改变成各种戏剧。这出戏曾经是乐山川剧团最受欢迎的剧目之一，直到20世纪90年代仍然在演出。

由于在"孝亲"与"报恩"观念中，佛教与儒家思想找到了共同点，故盂兰盆会从南北朝开始，逐渐成为中国最有名的法会。农历七月十五到寺院供斋、祭奠亡灵，成为上至达官贵人，下至黎民百姓皆乐于参与的活动。

为了不与中国影响至深的"不孝有三，无后为大"的观念发生激烈冲突，佛教在中国催生了一个很大的群体——居士，即在家奉佛者。他们有自己的家庭、子女、职业，与世俗人过相同的生活，所不同的是，他们皈依三宝、受持五戒等。

在家居士修行主要包括持斋、修行菩萨六度、居家八法等。中国历史上不少著名的文人都是居上，比如青莲居士（李白）、东坡居士（苏轼）、石湖居士（范成大）等。他们都朝拜过乐山大佛、峨眉山，并结交僧侣朋友，佛教对他们的价值观以及文学创作有深远的影响。

居士，简单讲就是在家学习佛法的人。这一学佛群体的来历，可以追溯到东晋时期。慧远在庐山东林寺结莲社时，社中就有一些居士。从

万年寺中广浚和尚与李白抚琴处

北魏到隋唐年间，北方的"义邑"也是由在家佛教徒构成的，这些团体少则十数人，多则数百人。著名的云冈石窟、龙门石窟等，多是由在家的信徒们出资修造的。

居士所守戒规分五戒、八戒、菩萨戒三种。五戒是：不杀生、不偷盗、不邪淫、不妄语、不饮酒。五戒是一切大小乘根本戒。与戒规密切相关的规范有十善，称十善业，即不杀生、不偷盗、不邪淫、不妄语、不两舌、不恶口、不绮语、不贪欲、不瞋恚、不邪见。十善的反面便是十恶。身在红尘、心向梵境是许多居士的追求。居士既可以在家传宗接代，也可以出仕为官，同时还能追求自在洒脱的精神境界。

中国古代官场还有一种特殊的现象——贬官。人大约只有在遭贬时，才最能体会人间冷暖以及生命价值。倡导"无我"与"出世"的佛教，此刻无疑是最好的良药。而对大多数普通百姓而言，彼岸思想、因果报应，也对自我约束、社会稳定有着不可估量的作用。因此，居士中既有达官显贵，也有底层庶民。

清代彭绍升编撰的《居士传》，就记载了数百位从汉代至清乾隆年间大忠大孝、清正廉洁、兼具功名、深通佛法的居士。《佛说长阿含经》将居士列为佛门"七宝"。

清末，国力衰弱，佛教也走向衰微。四川的一些居士，对佛教重振旗鼓功不可没，代表人物有袁焕仙（1887—1966）、王恩洋（1897—

1964）、贾题韬（1909—1995）、南怀瑾（1918—2012）等。他们对推动佛教改革、确定佛教发展方向产生了较大影响。

佛学界有"言禅者不可不知蜀，言蜀者亦不可不知禅"之说，其中也含有对蜀地居士的褒奖。僧侣与居士是佛教的两翼。如今，乐山大佛、峨眉山每年有数百人皈依佛门成为居士，这对推动"人间佛教"①大有裨益。

---

① "人间佛教"由民国时期太虚大师首倡，后经赵朴初居士等人发扬，成为当代佛教的发展方向，意指佛教要解决人生问题，为活人服务，与社会紧密联系，爱国爱教也是其重要组成部分。

弥勒信仰与民间佛教

乐山凌云山石刻中的弥勒大佛是中国弥勒信仰全盛时期的代表作。近年来，每年都有上百万人来乐山朝拜这尊唐代开凿的世界第一大石刻弥勒。其中一些人会不解：为什么这尊大佛与他们在其他地方见到的大肚弥勒完全不同？原来这是一尊古佛弥勒，是弥勒信仰进入中国的第二阶段弥勒造像的代表。

弥勒，汉语意思是慈氏。据佛经记载，弥勒出生于古印度一个婆罗门家庭，与佛祖释迦牟尼是同时代人，后来随释迦牟尼出家，成为佛陀的弟子。他在释迦牟尼入灭之前先行入灭，在兜率天宫与诸天说法，直到释迦牟尼灭度后56.6亿年时，从兜率天宫下生人间，度化无量无边的众生。

弥勒是菩萨，同时也是佛，是三世佛中的未来佛[①]，是释迦牟尼的继承者，佛祖预言自己入灭后弥勒将给人们带去光明与幸福，因此在古印度、西域和我国中原一带都有许多人信仰弥勒。弥勒为姓，意译"慈氏"。最初弥勒在佛祖一些弟子眼中是个"不修禅定，多具凡夫身，未尽诸漏"的人，但佛祖却因弥勒不畏艰苦、着重利他，而对弥勒另眼相看。有关弥勒信仰的佛经，是在西晋时逐渐翻译到中原的。弥勒信仰从东晋开始在中国有广大的影响，一些农民起义也以"弥勒出世"为号

---

① 三世佛中，过去佛为燃灯佛，现在佛为释迦牟尼佛，未来佛为弥勒佛。

召，故唐玄宗在开元年间敕建乐山弥勒大佛。受弥勒信仰的影响，不但乐山寺院广为造像，而且以各类材料制成的大肚弥勒坐像也成为吉祥福寿的艺术陈设品深受欢迎。

弥勒佛的造像在中国经历了三次大的转折。

第一个阶段，其造像身着菩萨装，双脚交叉而坐，这是弥勒在中国的早期形象，时间大约在公元4至5世纪的五胡十六国时期。该造像依据《弥勒上生经》而成，说弥勒本是世间的凡夫俗子，由佛的预记，上生兜率天宫与诸天说法。在甘肃炳灵寺石窟就有双脚交叉而坐的弥勒佛画像。山西云冈石窟也有一尊北魏时期的双脚交叉而坐的弥勒佛像。

第二阶段形象为禅定式或倚坐式佛装形象，时间大约从北魏开始，依据《弥勒下生经》而成，弥勒由兜率天宫下到人世间，接替释迦牟尼佛度化众生，由菩萨变为未来佛。包括乐山大佛在内的不少乐山石刻弥勒佛像就属于这一类。

建于唐宋时期的自贡荣县弥勒大佛造像，高36.67米

第三阶段形象是肥头大耳、笑口常开、身背布袋、袒胸露腹的胖和尚，出现时间大约在宋代。这个形象不再有以前那种庄严凝重的宗教神圣感，而是变得随和亲切，带有人间世俗的烟火气。

第三阶段的弥勒形象，学术界普遍认为是以五代时期后梁的高僧契此（？—约917）为原型演化而来的。契此早年出家，身材比较肥胖，笑口常开，经常手提布袋四处化缘，乐善好施，以禅机点化世人。《宋高僧传》记载，契此"形裁腲脮，蹙頞皤腹，言语无恒，寝卧随处"。

契此圆寂前说了一首偈："弥勒真弥勒，化身千百亿，时时示时人，时人自不识。"这时，人们才恍然大悟，原来一直期盼的弥勒佛就在自己身边。因此从宋代开始，弥勒菩萨逐渐变为心宽体胖、喜笑颜开的模样。弥勒笑口常开的乐观精神、入世的性格以及施教方式，都受到大众的喜爱。

弥勒信仰是佛教中国化的典型代表。弥勒佛形象的三次变化，也象征了弥勒信仰本土化的过程。这个过程中，弥勒信仰不断融入中国传统文化，使弥勒由异域菩萨变成中国化的菩萨，变成大肚和尚。而世俗化的过程，就是弥勒信仰趋向实用化，宗教色彩减弱的过程。

弥勒信仰在乐山至今依旧有很大的影响。有句流行的话语是"男戴观音女戴佛"，当地不少人佩戴佛像，这里的"佛"不是佛祖释迦牟尼，而是弥勒佛。人们认为女性烦恼多，容易生气，佩戴笑口常开的弥勒佛能解除烦恼，天天开心。在民间，弥勒佛还有和气生财、累积财富的意味。在我国藏区，寺院佛殿中供奉的主要佛像之一强巴佛，就是汉地的弥勒佛。甚至在邻国日本，弥勒菩萨也是主持人间福德的七位神之一，其形象为肚大、体胖，卧扶大布袋，故也称布袋和尚。

弥勒信仰曾经是中国影响最广泛的信仰之一，正因为如此，历史

上一些人利用弥勒的影响以对抗朝廷。如隋大业九年（公元613年），

宋子贤自称弥勒出世，因集众叛乱，袭击炀帝鸾驾而被捕。唐代开元初年，贝州（今河北）王怀古自称新佛（即弥勒佛）举事被捕。北宋仁宗（1022—1063）在位时，贝州王则率领弥勒教徒叛乱。南宋及元代之白莲教也假弥勒下生之名谋反，至明、清两代，白莲教也流行于各地与朝廷对抗。在武则天以后，弥勒信仰受到一定打压，信仰人数减少。另一个原因是《阿弥陀经》翻译出来，主张通过念佛往生西方净土，这个净土宗的方便法门吸引了大量信徒，也使弥勒信仰人群逐渐减少。

从三教会宗到佛教名山确立

明朝万历年间，面对日益兴旺的峨眉山佛教，一位力图振兴峨眉山道教的道人明光来到峨眉山。他的身世如同谜一般，不知其所来，亦不详其终。经过一番劳碌，明光于1615年在峨眉山麓的虎溪边修建了会宗堂，内中供奉代表佛、道、儒的普贤菩萨、广成子、楚狂，希望佛、道、儒三教融合。据说他还著有《楞严解》《八识规矩注》《大乘百法注》等，从名称看，这些著作更像佛教著作。只可惜这些书如今仅存目录，它们何时亡佚不得而知。

明光道人以及比他更早到达峨眉山的道人张三丰，终因势单力薄而无力挽回道教颓势。相比于其他宗教，道教显得比较"高冷"，很少主动传教，崇尚"无为""道法自然"。而原始道教中的"降魔除妖""风水""周易预测"之类，逐渐演变为民间文化的一部分。起源于本土的道教，由于越来越远离世俗生活，缺乏贴近大众苍生的烟火之气，而逐渐衰落。

清代道光年间，峨眉山道观吕仙祠（今纯阳殿）的道士全部离开，转向二峨山。他们是峨眉山（大峨山）最后一批道士，他们的离去标志着峨眉山由道教仙山向佛教名山的彻底转变。随后，佛教也完成了由古印度佛教向中国化佛教的转变。

如今我们只能从纯阳殿、九老洞中的财神殿、洪椿坪下的"洞天首步"牌坊，追忆曾经的隐羽萍踪。从李白的"倘逢骑羊子，携手凌白日"以及鲍溶的诗歌"道士夜诵蕊珠经,白鹤下绕香烟听。夜移经尽人上鹤,仙风吹入秋冥冥",感受那些逝去的仙风道骨。

峨眉山由道转佛是一个比较漫长的过程,佛教徒们在尽力弘传佛法、兴建寺院、发展教徒的同时,也对山中的植物、动物、山水景观等进行佛化,使之神圣化、佛教化,不断为这座佛教名山增辉添彩。比如峨眉山四大奇观之一的"佛光",物理学上把这种由阳光、地形和云等众多自然因素导致的现象称为"日晕"。又如,峨眉山龙门洞附近溪流中有一巨石,其形如船,当地人称"石船子",而佛门谓之"普贤船";还有一种植物称"普贤线",一种鸟叫"普贤鸟";甚至活泼可爱的猴子,也有人称其为"猴居士",等等。佛化不但使峨眉山一草一木有了灵性,也对保护生态环境起到积极作用。

清末,西方基督教以行医、办学、兴实业、行慈善等各种方式进入乐山,乐山佛教受到严峻的挑战。后来,五四新文化运动倡导废寺兴学,峨眉山下一些临近村落的寺院被改为学校,这也给佛教带来冲击。而更为严峻的是军阀混战中兵匪对寺院的掠夺与敲诈。就在峨眉山佛教举步维艰的时刻,以太虚大师(1890—1947)为首倡导的"佛教复兴运动",给峨眉山带来一股清风。这位卓越的理论家和实践家在峨眉山创办僧伽佛学院,培养佛教人才,团结各界信众,出版书报杂志,修复、重建寺庙。他倡导的"人间佛教"对今天的佛教发展有深远的意义。

佛教自传入中国以来,经过近两千年的理论创造与宗教实践,形成了有中国特色的教义。乐山大佛与峨眉山见证并经历了佛入东土以来发生发展的历程,并为后人留下了宝贵的财富。

第三章
佛教对乐山地方文化的影响与作用

峨眉武术　源远流长

梵音绕梁　民歌余韵

......

　　位于乐山市境内的凌云山弥勒大佛是世界第一大佛教石刻造像，峨眉山是中国的四大佛教名山之一，乐山大佛与峨眉山1996年被联合国列为"世界自然与文化遗产"。这个举世瞩目的双遗产，其核心内容之一是佛教文化。

　　佛教是古印度灿烂文明的结晶，具有明哲的智慧、恢宏的理论、严密的逻辑，自传入中国以后，融入儒、道二教及本土文化，进一步发扬光大，产生了具有中国特色的佛教。自汉魏到明清，我国高僧辈出，代有奇人，影响了上至帝王将相，下到黎民百姓的生活方式及价值取向，这种中国化的佛教已成为中国传统文化的一部分。

　　乐山地处中国西南，由于地域文化的影响以及佛教传播过程中的趋近、吸纳、融合，乐山峨眉山佛教具有独特的地域色彩。中国四大佛教名山中，五台山是北方佛教的代表，普陀山、九华山是东部佛教的代表，而乐山峨眉山则是西南地区佛教的代表。

　　佛门讲求修习"五明"。"五明"是指："声明"，即语言文字学；"工巧明"，即农、商、营造、音乐、计算、纺织、饮食等；"医明"，即医学；"因明"，即逻辑学；"内明"，即佛学。"五明"对乐山地方文化产生了深远的影响。

　　峨眉山佛教与乐山民间文化相互吸收，融合发展，使乐山地方文化表现出浓郁的佛教思想。

　　佛教主张去恶从善、平等慈悲、自觉觉他、济世报恩等，这些思想在民间文化、生活习俗中随处可见。乐山流传的民间故事许多带有佛教因果报应的色彩，民间歌谣、谚语、诗词、楹联等也多与佛理教义息息相关。

佛教的礼俗、饮食、建筑、唱诵、医药，甚至戒律，不但在信徒中流传，也广泛影响民众，成为人们生活中屡见不鲜的内容。

而乐山的寺院建筑、诗词颂偈、佛曲语言、饮食习惯等又汲取了本土文化的精华，被发扬光大，硕果累累，如寺院建筑依山取势，错落有致，还有饮食中的素食精品——雪魔芋、西坝豆腐等。

乐山峨眉山寺院星罗棋布，在佛教全盛时期凌云山九座山峰均有寺院，峨眉山有两百多座寺院。虽然历史上战争、瘟疫、饥饿频发，人世间朝代更迭，风云变幻，有的寺院被彻底摧毁，甚至成为杀戮的场所，有的在风雨雷击中消失，化为残垣断壁、瓦砾废墟，但佛法要义、丛林清规在近两千年的历史中从未废止或中断。

僧人们在远离人世喧嚣的高山密林之中，不但保存了源自古印度的文明结晶，而且更保存了较为完整的巴蜀传统文化。

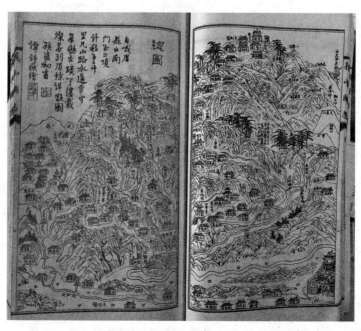

清末峨眉山寺院分布图

峨眉山现在寺院分布图

　　中国在日趋现代化的今天，也面临着许多传统文化的衰落和消失。
如何才能使后人不忘传统，不忘根本，不忘回家的路？笔者认为，守护
巴蜀文化，守护乐山峨眉山佛教文化与传统民间文化，便是守护我们的
根系之一。有了根系，在这个基础上变革、创新、嫁接、扩展，才是切
实可行的。

　　那么，佛教与乐山地方文化有哪些内在关联呢？

峨眉武术 源远流长

峨眉山武术源于佛教，发展于民间，又反作用于佛教文化，最终发扬光大，形成中华武术三大流派之一的峨眉派。

峨眉山原是道家修炼的"仙山"，在《山海经·西山经》中载："又西五百里曰皇人之山，其上多金玉，其下多青雄黄，皇水出焉……"这里"皇人"是指"天真皇人"，即老子李耳，"皇人之山"即"峨眉山"。

峨眉山一直被视为神居住的地方，于是很早以前就有人试图在这里接近天神和地神，以便通往神仙的世界，这些人便是道家的先驱。

道家在峨眉山修炼身心的过程中逐步产生了功法，汉代佛教传入又带来古印度的瑜伽、柔术等，二者逐步融合，演变为中华武术。

南北朝时东魏静帝廷下镇南将军林时茂出家为僧，法号淡然。他住锡峨眉山中峰寺时，结合峨眉山的特点，创立了一套武功，为峨眉派武术奠定了基础，成为峨眉山武术的开山鼻祖。以后峨眉武术融入道家、儒家文化，又经隋、唐、宋、元、明、清历代高僧不断补充完善，形成刚柔并济的特色。

部分僧人不但自己修习峨眉武术，同时也把传授武功作为度化众生、强身健体、行善积德的好事，意在让众生通过日积月累，从一招一式的动作变幻，领悟到生活中的禅，从而开启智慧，弃恶从善，行端表正，自觉觉他。

如今，峨眉武术已成为与武当、少林并驾齐趋的三大武术流派之一。

有资料记载，南宋时峨眉山有一个法号德源的和尚，因为眉毛为白色，人称"白眉道人"。他创造了一套拳术，其特点是模仿峨眉山白猿的动作，称"白眉拳"。他还撰写了《峨眉拳术》一书，这是有关峨眉武术较早的文字记载。

南宋末年，峨眉山白云禅师创造峨眉十二桩，是峨眉武术发展的另一标志。据称，白云禅师原来为道人，对医学颇有研究，后转入佛门。他创造的功法融强身健体、搏击防身为一体。

峨眉十二桩从南宋一直流传至今。已故中国佛教协会副会长巨赞与傅伟中整理出版的《峨眉临济气功——峨眉天罡指穴法》（北京体育学院出版社，1989年）一书中，就谈到峨眉武术中最重要的一支——峨眉临济气功术，并说明"峨眉临济气功"产生于南宋，乃是白云禅师所创。

周潜川编撰的《峨眉十二桩释密》

已故武术名家周潜川编撰的《峨眉十二桩释密》（山西人民出版社，1960年）以及《峨眉天罡指穴法》（山西人民出版社，1985年）较为全面地介绍了峨眉十二桩。

周潜川（1908—1971），字笛横，祖籍四川威远县，世居成都，生于书香世家，幼年熟读经史，后又尝入教会学校学习西医和拉丁文、英文，早年从军为护士，后得岳丈资助，入国立武汉大学，又以官费赴英国学军工化学。

1939年，周潜川大病，诸多名医医治无效，渐至卧床不起。后经峨眉山高僧永严法师医治病愈，遂拜永严为师，学习峨眉秘传功法和医术。周天资聪颖，既有留学海外的经历，以及西方近代实证科学的熏陶，又旁通儒佛义理，故能融会贯通。

1988年，周潜川的弟子傅中伟编著《峨嵋临济气功——峨嵋十二庄述真》，由北京体育出版社出版。

在峨眉十二桩之外，明朝抗倭名将唐顺之（1507—1560）亦精通武术。唐顺之，字应德，号荆川，江苏武进县人。他在《荆川先生文集》中记载了《峨眉道人拳歌》，共30行，每行七言，对峨眉拳术进行了非常生动形象的描述。记述了峨眉拳从起势到收势的整个过程，以及身法、击法、呼吸、节奏等各要素。

明末清初武术家吴殳（1611—1695），号沧尘子，江苏娄江县人。少年酷爱武术，曾从朱熊占学习峨眉枪法。他著有《手臂录》一书，对峨眉枪法进行了较为详尽的论述："西蜀峨眉山普恩禅师，祖家白眉，遇异人授以枪法，立机空室，练习二载，一旦悟彻，遂造神化，遍游四方，莫与并驾……枪法一十八扎，十二倒手，攻守兼施，破诸武艺。"这大大丰富了峨眉武术的理论。

峨眉山佛门从古至今武林高手层出不穷，史载有南宗德源、别峰，明末铁头陀，清代湛然，道人清虚等。现代武僧代表有永晖、永庆师兄弟。1936年冰雪庵僧永晖在成都少城公园参加武术竞赛获优质奖，同年打败中央军校北较场教官。1938年其师兄永庆手持短锄，从三千米高的舍身崖一跃而下，掩埋舍身死于崖下的比丘尼。

受佛家武术影响，乐山民间习武风气浓厚，太极、散打、剑术等传播广泛，深受群众欢迎。除了国家办的武术学校之外，各种民间武术组织也十分活跃，经常举办各类活动，吸引越来越多的人参与。

位于峨眉山灵秀湖畔的峨眉武术村也以武术文化不断迎来中外游客，在他们的表演中有大量传统、原生态民间绝艺、绝活。

因为有深厚的武术民间土壤，2007年8月四川国际峨眉武术节在峨眉山市隆重召开，有来自12个国家和地区的五十多个代表队，共520名运动员参加。国内外几十家媒体分别以"峨眉山论剑"为主题报道了这一盛况。

2007年，峨眉武术列入省级非物质文化遗产名录。2008年，峨眉武术入选国家非物质文化遗产名录（编号：795 Ⅵ–23）。

梵音绕梁　民歌余韵

　　梵音起始于民间，升华于佛门。两者互相借鉴、创新，形成既同源又各具特色的曲调。

　　佛教音乐源于古印度，中国汉地佛曲由梵呗开始。"梵"译自古印度语，"清净"之意。"呗"是古印度语"呗匿"的简称，意为"赞颂或歌咏"。中国化佛曲创始者为三国时期的曹植等人，有"改梵为秦"之说。慧皎所著《高僧传》中载："传声则三千有余，在契则四十有二。"一契是一个曲调，"在契则四十有二"，即有42个曲调。

　　峨眉山佛教音乐曲目丰富，常用的有六十多首。除唱腔外，还使用伴奏。如今梵呗不但是僧人们每日早晚的必修课，而且在进行重大佛事活动，如放焰口、佛诞等时还要以铛、铰、鼓、木鱼、大磬、引磬、铃、笛等器乐伴奏，更加庄严肃穆，超凡脱俗，余音绕梁，引人向往。

　　每逢农历初一、十五，成群结队的居士到寺院烧香拜佛，并跟随僧人一同绕佛像唱念。伴奏乐器的编制随唱腔板式而定，有时使用全部乐器，有时只使用一两种。

　　近几年来，唱腔伴奏中加进了新的低音木鱼，柔和、深沉的木鱼声充当了低声部的伴奏，使佛曲更加丰厚、润泽。

　　乐山的佛教寺院早晚课诵曲调基本一致，乐器轻敲慢击，从容有节，不强不弱，不高不低，舒缓婉约，与其他寺院差异较大。

　　梵呗佛曲过去是口耳相传，并无统一标准曲谱，韵调随人变化，直

峨眉山佛学院学僧们的佛乐演唱

至清末才基本定型，传承至今，极具个性。也有称峨眉山梵呗是"下江腔"，曲调中能找到"江南吴歌"的元素。

民歌的三大类别——山歌、情歌、小调，在乐山市各区县各有特点，但除少数民族民歌外总体差异不大。在此值得一提的是与佛有缘的濒危民间小调——堂灯。

堂灯流行于峨眉、夹江及其交界的洪雅、丹棱农村，有1300多年历史，又称花灯戏。

相传，到峨眉朝山拜佛的行路人中有错过镇甸驿馆者，投宿于乡间民宅，乡民念行路人心存善念，虔诚奉佛，故热情留宿并在堂屋设酒食款待。行路人感主人盛情，无以回报，便在堂屋内唱曲以谢，故称堂灯。夹江、峨眉还称"跳堂灯"，洪雅称"踩堂灯"。

堂灯曲调和缓，通俗易学，仅需二胡、笛子等一两件乐器伴奏，经不断改良后一度广为流传。后逐步衰落，处于濒危状态。

2007年3月，峨眉山佛教音乐以及堂灯被列入四川省第一批非物质文化遗产名录。

醒世恒言　民间故事

民间文艺与佛理教义相互融通，相映成趣，逐步演变为具有共同价值取向的醒世恒言。

在汗牛充栋的佛经中，《百喻经》最初并不引人注目，一直没有单行本问世。1915年，鲁迅先生捐资镂刻，方才使该书成为独立经书。

大文豪鲁迅为何会单单选择这本佛经呢？除了因为它以近百个寓言故事阐述了发人深省的人生哲理外，还在于《百喻经》具有较高的文学价值。《百喻经》描述世人为贪、嗔、痴所困，误入歧途的事，劝诫后人从这些事中领悟智慧，端正行为。

受佛教的影响，乐山民间有许多类似《百喻经》的故事广为流传。但又因乐山自古风调雨顺、五谷丰登、生活富庶的缘故，百姓不愿看悲惨恐怖之事，更喜欢大团圆结局，于是民间故事中便少有《百喻经》中舍身、施血、剜目等令人心惊肉跳的内容。

1989年，在编《民间文学三套集成》时搜集到大量有佛教意味的民间故事。如乐山市中区共收集神话、传说、故事173个，其中关于道家神仙的有30多个，关于大佛与僧侣的有30多个，讲劝善弃恶、因果报应的有40多个。再如峨眉民间三间套文学集、共收集神话、传说、故事共143则。其中关于佛门的50多个，关于道家神仙的20多个，关于因果报应的30多个。

在乐山市下辖市中区、峨眉山市、沙湾区、井研县、犍为县、沐川县、五通桥区等地均收集到"龙衣秀才传说"（或称"罗英秀才"）系列故事。这个故事讲的是文曲星下凡降生到龙家，不愿当皇帝，只想做秀才的事。

龙衣秀才从小聪明伶俐，长大后整日四处游玩，逍遥自在。先后帮助受气的小媳妇，封治马桑、桑树和桤木三种树，教农夫用青草喂牛、以漂亮的围裙留住女人，等等，可最终因说谎话而被岩石压死。

龙衣秀才幽默潇洒、无拘无束、淡泊名利、向往田园的人生态度，很契合乐山人散淡自在、乐善好施、钟情山水的性格，故其故事广为流传。龙衣秀才虽做过许多好事，但终因贪欲和说谎遭厄运。这个因果报应的故事意在劝诫后世切勿妄语。

另外如乐山市中区搜集的"雷打媳妇"，井研的"哪个没孝心"，峨眉的"孝心"，犍为的"孝姑的传说""孝女""孝顺子"等故事，既反映了儒家的孝道传统，也表现了佛家的报恩惜福思想。

佛田广种　民风可鉴

民风是禅风的土壤，而禅风又是民风的提升。禅风最终回归于民间，两者相互影响，绵延不绝。

中国佛教虽分为八个宗派，但其宗旨都是一致的。乐山峨眉山佛教主要为禅宗与净土宗。寺院被称为"人间净土"，有两种含义：其一是向人们弘传佛法，包括举办佛事、广结善缘等，意谓"人间佛教，普度众生"；其二则指僧人于此放弃世俗财富和地位，静心修行，以宗教思考为终生使命。

在世俗的世界，人们可以任意选择或改变自己的生活方式，但是出家人只能以丛林戒律规定的方式生活。

在乐山佛教民间信仰中，弥勒象征光明未来，接引灵魂到兜率净土世界。农村许多老人，尤其是妇女，常将"阿弥陀佛"挂在嘴边以示祝福或感谢。彼岸思想、来世幸福、消灾弭祸、积善存德的民间信仰在乐山风气浓厚，故坚持初一、十五吃素的老人很多，甚至不乏吃长素（长期吃素）者，意在不杀生，以慈悲之心对待一切生灵。

笔者在撰写《布金满地——神秘的峨眉山佛门传奇与揭秘》一书前，曾对峨眉山寺院及乡间进行大量采访和调查，发现不但年轻人皈依佛门者逐年增多，而且民间乐意让小孩也拜佛门师父。每年佛诞、观音圣诞日等节日时，前往凌云寺、乌尤寺、报国寺、伏虎寺等寺院朝拜的人络绎不绝，除夕之夜，各寺院更是香火不断，人头攒动。

乐山许多居士，尤其老年妇女，坚持每年徒步朝拜峨眉山。受佛教不杀生的影响，峨眉方言中出现一些有意回避"杀""死"等字眼的词汇。如，峨眉乡下老人依旧称"杀猪"为"洗猪"；佛门中称僧尼去世为"圆寂""往生"等，乐山峨眉山乡下也习惯称亲朋好友去世为"走了""不在了"。

乐山、峨眉山人爱说的许多民间谚语、歇后语与佛门有关。如：

和尚无儿孝子多。

和尚住岩洞——没寺（事）。

和尚打伞——无发（法）无天。

和尚头上的虱子——明摆着。

和尚训道士——管得宽。

和尚的木鱼——挨敲打的货。

蚊子咬菩萨——认错了人。

佛理禅趣　诗画增辉

佛理禅趣与民间艺术存于一家，既相互促进，又不断竞争，通过各自的衍生与发展，丰富了中华民族博大精深的传统文化。

中国诗歌起源于民间歌谣，后经演变发展成为文坛奇葩。诗乃心声，讲究意境升华，自融入佛理禅趣后更光芒四射。六祖惠能主张顿悟，有四句偈："菩提本无树，明镜亦非台。本来无一物，何处惹尘埃。"禅宗讲参禅，破除规矩，跳出窠臼，这对诗人大有启发，说明作诗要体会诗意，体会了诗意就可破除声律，即妙悟之外，尚有神韵。

自汉唐以来，乐山峨眉山便是文人墨客徜徉流连、心驰神往的地方。他们留下大量绮丽的诗篇，造就了许多诗僧画僧、文坛泰斗。仅《峨眉山志》中选辑的释氏吟峨眉的诗词楹联就有95篇。另外，以峨眉山僧怀古为代表的"九诗僧"，更是为诗坛增添佳话。

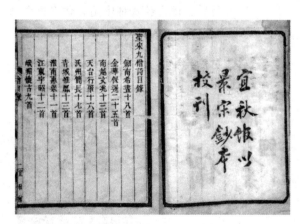

宋代著名的《九僧诗》目录

在释氏中值得一提的是两位乐山籍现代高僧：隆莲法师与遍能法师，他们既是高僧，也是诗人。

隆莲出身于乐山城中的书香世家，其外公是清光绪年举人，曾任嘉定（乐山古称之一）小学校长，乐山县修志总纂。郭沫若在自己书中多次提及这位校长。隆莲法师的父亲游子九曾任参议员、省督学、县长等职。隆莲法师学识渊博，通晓英语、藏语，曾参与编撰《藏汉大词典》《世界佛教百科全书》，并翻译了许多藏传佛经及英文作品。她还曾任中学数学教师，挂牌行医，并且练得一手好书法，满腹好诗词。这里选隆莲法师两首诗：

凌云山竞秀亭

峨眉影落千年雪，佛脚涛回万鼓音。

烟火一城腾豹雾，文章三水曝龙鳞。

峨　眉

笑展两眉弯，山灵喜我还。楼台新岁月，祖国好河山。

日薄峰峦近，秋清栋宇闲。何当逢白象，载我蹑云烟。

隆莲法师墨迹

遍能法师出生于乐山冠英镇，14岁出家，在佛学、书法、诗词方面均有很深的造诣，曾任四川省佛教协会副会长、四川省佛学院院长、乌尤寺方丈等职。此选诗、楹联各一为代表：

乌尤山

昔日离堆今乌尤，苍苍遥接峨眉秋。

史称秦守李冰绩，山半凿痕色犹赤。

绝壁空余尔雅台，舍人一去长不回。

江边只见秦时月，依旧年年照绿台。

惠师从此结茅住，碧崖重刻岑公句。

绳床竹杖莲花经，悠悠十年如朝暮。

我与兹山有夙缘，住山不用买山钱。

回忆十六年间事，野鹤闲云任往还。

峨眉楹联

功德逾恒沙七宝庄严大千世界

层峰摩霄汉三峨雄秀伯仲昆仑

遍能法师墨迹

隆莲、遍能法师以诗文、书法接引了许多文化人走近佛门，同时也让寺院充满儒雅之气。

还值得一提的是光绪十一年（公元1885年），清朝光绪皇帝准备祭祀峨眉山。四川道台黄绶芙受命后即令湖南籍举人、诗人、画家谭钟岳前往峨眉山描绘山上庙宇和胜迹。谭钟岳在峨眉山奔波劳碌半年，共作画64幅，写诗46首，并写了很多关于山上胜迹的笔记，最后形成《峨山图说》一书，光绪十七年（公元1891年）在成都会文堂镌刻出版。该书成为现存最珍贵的峨眉山图文资料。谭著书时，山上有120座寺院，其中一半以上寺院得到了绘图记载。书中被称为"山中十大圣景"的地方，其中"大坪霁雪""灵岩叠翠""萝峰晴云""圣积晚钟"现已消失，我们只能从谭钟岳留下的绘画及诗文中遥想其境了。

乐山方言很有特色，只有五个元音音位，并保留入声，而成都地区是六个元音音位，入声字变成阳平声。语言节奏和诗词格律决定诗人所用的语言。乐山话短促的入声使得诗词充满律韵之美，这也是乐山从古至今文人多的缘故之一。著名文人有后蜀诗僧可朋，宋代诗人画家孙知微，明代"嘉定四谏"进士安磐、彭汝实、徐文华、程启充，清代胡世安，现代又有郭沫若、陈敬容等。乐山民间尚诗风气浓郁，各县每年都有作者自费出版诗集。

已故瑞典汉学家马悦然（诺贝尔文学奖评委、瑞典皇家人文科学院院士）1949年到峨眉山搞方言调查时，住在山脚报国寺。当时的方丈果玲（出家前在大学教国文，善诗词）每天给他讲两小时课，先后教他《四书》《唐诗三百首》以及汉朝五言古诗、乐府，魏晋南北朝诗等，并让他以化学方法分析不同地点的水质，因为果玲认为水质会影响方言的发音。

马悦然在峨眉惊奇地发现，拉板车的力夫所唱的劳动号子，竟与两千年前荀子写《成相篇》的节奏完全一致。

峨眉山劳动号子

杭哟赫，杭哟赫，

杭杭赫赫，杭哟赫，

杭杭赫赫，杭杭赫赫，

杭哟赫。

《成相篇》第一节

请成相，世之殃，

愚暗愚暗，堕贤良。

人主无贤，如瞽无相。

何伥伥。

乐山民间歌谣中有许多内容与佛门相关，如：

半岩观音何人雕（峨眉山市歌谣）

唱得高来吊得高，半岩观音何人雕？

何人与他来立庙，何人与他把香烧？

唱得高来吊得高，半岩观音石匠雕。

木匠与他来立庙，和尚与他把香烧。

我提佛珠上峨山（市中区歌谣）

家不闲来心不宽，千根担儿要我担，

哪年哪月放担子，我提佛珠上峨山。

好似仙女在空中（井研县歌谣）

一颗佛珠两头空，抽根红丝穿当中。

姑娘姐妹同路走，好似仙女在空中。

我刚出世锤声响（犍为县歌谣）

我刚出世锤声响，爹妈叫我当石匠。

周年每日在岩上，敲砣石头有名堂。

一修大佛和支官①，保卫盐井与金山。

二修狮子与牌坊，四方海角吹得昂。

三修观音莲台上，金童玉女一双双。

四修老君牛背上，带回灵芝救母娘。

五修二郎有神像，鱼兵虾将站两旁。

照见南海观世音（沐川县歌谣）

高山流水响叮叮，金盆打水亮晶晶。

烧香拜佛来洗脸，照见南海观世音。

蒲团歌（马边彝族自治县歌谣）

西方路上几丘田，居士做了几十年。

不变红花与白纸，单栽蒲草结善缘。

一个蒲团花二面，挑起蒲团就出家。

蒲团铺地根生稳，作揖磕头敬菩萨。

---

① 支官是一座古寺，已毁。

乐山大佛、峨眉山普贤骑象等造像，神情庄严、正直、慈祥，身段健美匀称，既是宗教中的神，也是唐、宋时期雕塑艺术的精品，不但显示出古代工匠们的智慧和创造才能，而且绵延发展，成为中国雕塑艺术史的重要组成部分。

　　佛教塑像造就了乐山民间大批能工巧匠，善画者、爱画者众多。于是产生了历史悠久，以道、佛神仙和民俗生活为主要表现题材的夹江年画，也造就了乐山民间画界的灿烂群星。现在除各县有画院、书院外，仅乐山城内就有十多个民间书画院，创作了大量以乐山大佛、峨眉山佛光、普贤菩萨、深山古寺为主题的作品。

　　如今，夹江年画已列入国家级非物质文化遗产名录，并研农民画、峨眉山指画、夹江蝴蝶画列入四川省非物质文化遗产名录。

素斋飘香　民间美食

　　佛教饮食与民间饮食文化大相径庭，却又辗转继承，融合发展。

　　乐山峨眉山佛教属汉传佛教，从南北朝起就明确规定不得食用荤腥，其中，"荤"指肉类、动物油脂，也指葱、蒜、辣椒等调料。这就使得僧侣的食物变得十分有限。而僧人们却把禅宗幽默生动、活泼大胆的作风及工巧明（即工艺学）发挥到素斋中，创造出一道道美味健康的素食。其中最有名的便是雪魔芋和西坝豆腐。

　　　　佛门用餐的斋堂，也称五观堂

雪魔芋是峨眉山千佛顶一位僧人发明的。魔芋原是一种野生植物，根像芋头，故名。其根经研磨加热可制成类似豆腐的食物，因色泽呈灰黑色，民间又称其为黑豆腐。魔芋的保质期很短，最初千佛顶僧人为了让未吃完的魔芋不致变质馊坏，便将其置于雪地上。哪料第二天，冻成

峨眉山僧人发明的素食——雪魔芋

蜂窝状的魔芋不仅未坏，反而去掉了涩味，烹调后味道更好。经反复尝试改进，终于制成便于存放的雪魔芋干，美味营养，烧、炒、蒸、凉拌皆可。以后各寺院竞相学习制作雪魔芋，它成为冬季大雪封山后峨眉山寺院的主要干菜。同时，寺院也向游人出售雪魔芋，以补充寺院维修及生活开支。

笔者曾采访峨眉山老僧宽清法师。宽清法师是乐山市市中区人，11岁到峨眉山顶光相寺出家，长年制作雪魔芋，后因患雪盲而双目失明。2004年，宽清法师圆寂，享年80岁。

现在，雪魔芋成了乐山家喻户晓、深受青睐的食品，其质松软富有弹性，入口香气四溢，余味悠长。

西坝豆腐起源于五通桥西坝镇。西坝镇是岷江冲积小平原，土质松软肥沃，出产的小粒黄豆油少浆多，加之水质清甜、工艺独特，西坝豆腐成为当地久负盛名、价廉物美的民间食品。唐代开元年间玄宗皇帝敕建凌云山弥勒大佛，大批工匠仆役云集乐山凌云寺的同时，也将西坝豆腐制作工艺带到乐山，后经凌云寺住持海通和尚改良，成为乐山妇孺皆知、深受欢迎的有名食品。西坝豆腐不但细腻绵软，回锅不烂，而且可

烹调出很多个菜品，组成豆腐宴。

2007年五通桥西坝豆腐、夹江豆腐乳被列入省级非物质文化遗产名录。

此外，还有丰富的山珍及野菜，如竹荪、木耳、竹叶菜、野芹菜、鱼腥草、沙木耳等，都是深受民众欢迎的食物。1999年，笔者在峨眉山采访时，曾随当时伏虎寺的住持演慈法师采集野菜，并在山间煮食，其滋味令人终生难忘。

禅茶一味　清香远逸

茶道发源于民间，成理于佛门。禅茶相互作用，推动了茶文化、茶产业的发展。

中国是茶的故乡。茶最早作药用，《神农本草经》中说"神农尝百草，日遇七十二毒，得荼而解之"（荼即茶）。饮茶习俗始于巴蜀，在晋人常璩所著《华阳国志》里便有记载。峨眉山最早饮茶、种植茶树的是道士及僧人，在远离人烟、缺医少药、食物匮乏、寂寞冷清的高山上，茶给他们身心带来极大的好处。同时，儒家的中庸之道，道家的天人合一，佛家的苦尽甘来，都与茶的内涵相融，故有郑板桥"自古名人能评水，从来高僧爱斗茶"之说，形成了清新隽永、格调高雅的茶文化。"茶圣"陆羽就是由和尚收养的，他虽没出家当和尚，但却从寺院的制茶、烹茶、品茶过程中领悟到茶的真谛，并以《茶经》一书推动了茶文化的发展。

《茶经》中所载的煎茶今天虽早已消失，但在乐山乡间依旧留有踪迹，如将老茶叶连同细枝切碎晒干，经煮沸后饮用的饮茶方式。这种茶民间称"老荫茶""粗茶"。老茶叶比嫩芽含更多的茶多酚，只是味浓，汤色不美观，但对人体健康有很多益处。民间俗语"粗茶淡饭""常吃素、多走路"便是从寺院生活中总结出的道理。

四川是产茶大省。乐山下辖的峨眉、马边、峨边、沐川均为产茶大县，故乐山在四川茶叶经济中的地位举足轻重。峨眉山山高雾浓，故自

清香远逸

古出产优质绿茶，其竹叶青茶已驰名全国。此外，仙芝竹尖、峨眉雪芽、森林雪、碧潭飘雪等也享誉全国。更可贵的是马边发现的野茶树，受到当地茶农自发的保护。

乐山民间不但饮茶成风，不同风格、不同价位的茶馆遍及城乡，成为社交、娱乐的场所，而且还派生出与茶相关的行业，如茶食品加工、茶具生产等。民间还流行凉拌茶叶、蛋炒茶叶、茶叶蛋、茶叶点心等小吃。

茶与佛门渊源深厚，茶与禅密不可分。古时禅宗的僧人们在菩提达摩的像前举行仪式时，要轮流喝同一个碗里的茶水。这里，茶不仅用来提神醒脑，更重要的是代表纯洁无瑕和苦尽甘来。

这种禅宗仪式传到日本后，在15世纪发展为茶道，茶不再仅是一种饮品，更逐步演化为生活的艺术。如果说道教奠定了茶道的审美理想基础，那么禅宗则把这些审美理想付诸现实。

茶，也融入了乐山的产业结构、生活方式、文化交流等方方面面。

慈悲度人　悬壶济世

医道无论是在佛门还是在民间都是济世助人的一种重要途径。

"医明"，是佛门修习的"五明"之一，意在以医道救助众生。

大医王佛又称药王佛，其塑像左手持甘露钵，右手持药丸。《药师经》中讲药王佛要使一切众生无病无灾，解脱苦厄。乐山乡间许多中医诊所里都供有药师佛像，但关于药王佛的原型是谁，民间说法不一，有说是孙思邈，有说是李时珍，还有说是扁鹊、华佗，等等。最普遍的观点是隋唐时期的孙思邈，他既是道家推崇的医药神仙，也是佛家供奉的药王菩萨、大医王佛。相传孙思邈曾在峨眉山中峰寺、圣水禅院、广福寺一带培育、研究、提炼草药，为撰写医学著作《千金方》《千金翼方》做准备。孙思邈的传说在峨眉山广为流传，从隋朝到宋朝跨度近四百年。苏东坡游峨眉山时在孙思邈曾炼丹的药王洞（亦称真人洞）前题诗一首：

> 先生一去五百载，犹在峨眉西崦中。
>
> 自为天仙足官府，不应尸解坐蛀虫。

受孙思邈的影响，中峰寺一带中药种植之风绵延不绝。现有几所大学的中药种植研究所也设在此地。

峨眉山草药繁多，也造就了不少有建树的药农。如1934年净水乡药

峨眉山灵芝

农李杰轩、李廷才父子以老鹳草为主要原料，研制成治疗风湿性关节炎的良药——老鹳膏，此药后载入《中华人民共和国药典》，并投入批量生产。

过去，中峰寺附近有座小寺院，名医王寺。寺中有条不成文的规定：住持须由精通医道的僧人担任。立寺之意在悬壶济世，行医度人。可惜此寺现已毁。

峨眉山有1200多种中草药，不少药名与佛有缘，如"佛掌参"可治肺虚久咳，病后体弱等；"观音莲"消肿利水，可治血尿等。

佛门中有许多关于得病与治病的说法。如百丈禅师的《百丈清规》中说"疾病以减食为汤药"，讲的就是节制食欲，峨眉山至今仍有保持"过午不食"的僧人。隆莲法师曾说，"病魔缠身"四个字很有道理，说明人有孽障，情绪低落，就会百病丛生。伏虎寺比丘尼性宽96岁时生病住院，97岁的常真比丘尼前来探视，面对慌乱的护理人员，说"放宽心，多念佛"，意在让大家心平气和。

僧侣们吃清淡素食，早睡早起，习佛参禅，心平气和，按时作息的生活方式，对今天身陷快节奏、充斥着物欲的都市生活的人们有积极的借鉴作用。

佛教造像与寺院建筑

　　佛教造像与寺院建筑，是佛教传播最直观的方式。因此，佛教进入中国后大量融入中国元素，并以人们喜闻乐见的形式寓教于乐，由此而产生大量佛教艺术珍品。

　　佛教对乐山的一个重大影响是佛教造像。早在乐山大佛开凿六百多年前的东汉，乐山已经出现佛教造像。乐山麻浩崖墓享堂门额上的坐佛像，头有圆光，着通肩式大衣，结跏趺坐，右手作施无畏印。另外乐山柿子湾崖墓后室门额上坐佛像，头有圆光。这两处佛像年代明确，且皆着通肩式大衣，右手作施无畏印，具有古印度犍陀罗佛教

麻浩崖墓中的佛像，是中国最早的佛教造像之一

的仪轨特征。位于乐山大佛景区的"乐山崖墓博物馆"，是中国目前唯一的专业崖墓遗址博物馆，1988年被列为国家重点文物保护单位。

　　乐山佛教造像的巅峰之作是唐代凌云山弥勒大佛。整座佛像依凌云山而凿，通高71米，脚下大渡河、岷江、青衣江三江汇流，有"山是一尊佛，佛是一座山"之称，也是现存世界上最大的石刻大佛。乐山大佛开凿历时90年，设计十分巧妙，有隐而不见的排水系统，在大佛头部18

　　乐山弥勒大佛屹立于岷江、青衣江、大渡河三江汇流处，凌云山
远看犹如一尊睡佛

建于唐代的乐山弥勒大佛，通高71米

层螺髻中，第4层、第9层和第18层各有一条横向排水沟，佛像胸部向左侧也有水沟与右臂后侧水沟相连，对保护大佛起到了重要的作用。两耳背后靠山崖处，有洞穴左右相通；胸部、背侧两端各有一洞，但互未凿通。这些水沟和洞穴，组成了科学的排水、隔湿和通风系统，有效地防止了佛像被侵蚀、风化。

乐山大佛开凿，云集了当时国内大批能工巧匠，集艺术、科学多方面之大成，对后来乐山佛像雕塑发展起到极大推动作用。

除此之外，还有宋代峨眉山普贤白水寺（今万年寺）重达62吨的铜铸普贤骑象像，元代峨眉山通高5.8米的铜铸华严塔，塔身有4700尊小佛像，像间刻有《华严经》。这些都是佛教造像经典之作的代表，如今为全国重点保护文物。

铜铸华严塔，造于明万历十三年（公元1585年），因塔身铸有《华严经》全文，故名。塔身呈八方形，通高5.8米，有13级楼阁

1887年美国人赫斐秋绘华严铜塔，该塔元代时铸造，现存峨眉山伏虎寺

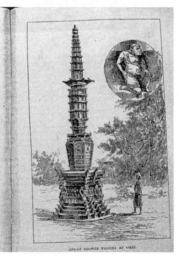

在乐山，与佛像造像相辅相成还有寺院建筑。古印度的佛教寺院以塔为中心布局，塔中供奉着舍利、佛像等，周围建殿堂、僧舍。佛教传入中国以后，由于最初是官方和大户人家舍家为寺，故寺院布局多为四合院形式。晋以后逐渐变化，殿堂成为主要建筑，佛塔被移于寺外，形成了以大雄宝殿为中心的结构。寺院坐北朝南，主要殿堂依次分布在中轴线上，层次分明，布局严谨。

但峨眉山由于地处山区，沟壑纵横，地形复杂多样，因而寺院建筑只能因地制宜，除了保留古代官府、宫殿的建筑特点外，也融入了当地民居的一些特色。如雷音寺，地处山脊，依岗傍路，地域狭小。于是傍路处采用虚脚楼这一南方民居构造，建成一座小巧的青瓦四合院，别有洞天。另一个有代表性寺院是洪椿坪的千佛禅院，也因为受地形的限制，山门不在中轴线上，前有照壁，观音殿与大雄宝殿构成一个四合院。大雄宝殿非常别致，殿前为台阁式，石阶从两侧而上，将有限的空间发挥到极致。

峨眉山因地制宜、依山取势而建的雷音寺

洪椿坪千佛禅院

    还有峨眉山的标志性建筑——万年寺无梁砖殿。这座仿印度寺院的建筑建于1601年，顶部是半球形的穹隆顶，像一口锅覆在边长16米的一个正方形墙体上。四百年来，经历了许许多多暴雨、霜雪、大风、地震等自然灾害，万年寺无梁砖殿依旧完好。

万年寺无梁砖殿

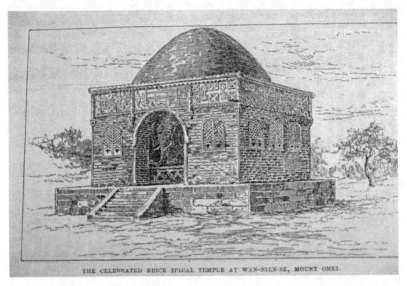

THE CELEBRATED BRICK SPIRAL TEMPLE AT WAN-NIEN-SZ, MOUNT OMEI.

1887年美国人赫斐秋绘峨眉山万年寺无梁砖殿

　　再如伏虎寺，虽然四周古木参天，但寺院屋顶上终年没有枯枝败叶。清代康熙皇帝为此题写下了"离垢园"三个大字。这一奇特的现象与建筑设计有关：伏虎寺背倚伏虎岭，旁有飞凤山，寺院沿虎溪次第而

峨眉山伏虎寺，四周古木参天，但屋顶上终年没有枯枝败叶

上，地基处于狭窄的盘谷之中，四季气流劲涌，反复回旋，形似"龙卷风"，将寺院屋顶清扫得十分干净，枯枝残叶踪影全无。

在峨眉山寺院建筑中，还有一种特殊的屋面，采用铜瓦、铁瓦、锡瓦等金属材料，以增强屋顶的坚固性，有效防止风霜雪雨等自然灾害。现在金顶上银白色的卧云庵，就沿用了这种屋面，以更经久耐用的铅瓦覆盖。

佛教在向乐山传播的过程中，与当地文化相互吸纳，成为地方文化的重要组成部分。佛教的价值观、伦理观通过民间文化、民间艺术向大众传播，而民间文化的繁荣和发展又能促进佛教兴旺和昌盛。二者相辅相成，相得益彰。佛教的宗旨是为善，艺术的宗旨是为美，二者是相通的，佛教文化与民间文化有广泛的民间基础，经漫长历史文化的积淀，已在人们的生存方式中根深蒂固。如何运用佛教文化与民间文化，使二者相互借鉴，取长补短，相互促进，共同发展，推动民族文化的前进与升华，为构建和谐社会做出应有的贡献，乃是民间文艺工作者今后需要努力完成的重要课题。

同时，乐山大佛-峨眉山又是世界自然与文化两大遗产的旅游胜地，每年接待数百万中外游客。增加旅游的文化内涵，提升民间文化与佛文化相得益彰的感染力，使游人享受到与众不同的愉悦和更高层次的心灵慰藉，不断唤起人们的向往与追求，吸引更多游客，繁荣旅游经济，这对推进乐山由旅游资源大市向旅游经济强市跨越，无疑具有积极的推动作用。

第四章
乐山历代高僧考摘

宝掌和尚

晋·慧持

……

在乐山近两千年的佛教历史长河中，在古刹林立的佛教名山上，有多少高僧呕心沥血？对此，我们已经无从得知。从十分有限的文献资料中，可以选出有代表性的35位大德高僧，他们是：

宝掌和尚

晋：慧持

南北朝：淡然

唐：慧通、海通、澄观

宋：继业、茂真、怀古、瞎堂慧远、华藏安民、别峰、祖觉、宝月

元：金碧峰

明：宝昙、广济、别传、通天、无穷、妙峰

清：贯之、可闻、弘川

民国：果瑶、恒久、太虚、圣钦、果玲、果航、寂慧、普超、传华、遍能、隆莲

宝掌和尚

　　宝掌和尚，古印度人，世称千岁宝掌，大约是第一个西来蜀地的僧人。

　　宝掌和尚的身世像一个神话传说。有关宝掌和尚的生平，佛教典籍《五灯会元》《佛祖纲目》《嘉泰普灯录》等书中均有记载。从目前能查阅到的文献资料看，他在世1071年（公元前414—657年）。据称他出

宝掌和尚

生时左手握拳，至7岁出家剃发时才展开，因掌心有一颗红痣，故得名宝掌。宝掌出家后精勤修行，严持戒律，研读三藏，为参访圣贤，走遍天竺各地，历时五百多年。后从尼泊尔进入中国云南，再转道进入蜀地，登峨眉山，朝礼普贤菩萨，曾在洪春坪后的山峰上结茅修行，后人为纪念他，将这座山峰取名为宝掌峰，该名沿用至今。相传他每日诵经千余卷，却经常二十多天才吃一餐饭。古人有诗赞曰："劳劳玉齿寒，似迸岩泉急。有时中夜坐，阶前神鬼泣。"

宝掌离开峨眉后，又先后游历了五台山、建业（今南京）、庐山、湖北黄梅、浙江等许多地方。在建业时，宝掌与达摩相遇，还被笃信佛教的梁武帝请入皇宫。在宝掌主持修建的寺院中，最有名的当数黄梅紫云山莲花峰下的老祖寺。当年宝掌走到紫云山时，禅宗四祖道信、五祖弘忍住持着相聚不远的破额山与冯茂山，因宝掌年高岁长，便尊称他为老祖。他所创建的伽蓝也就称老祖寺。老祖寺香火绵延至今，长盛不衰。

宝掌在浙江浦江宝严寺期间，与朗禅师交游甚笃，时常一同钻研佛理。闭关期间，两人每有书信，宝掌便遣白犬递送，而朗禅师则让青猿回复。故有人在廊壁上题："白犬衔书至，青猿洗钵回。"

唐高宗显庆二年（公元657年），宝掌和尚圆寂，被称为"佛门第一寿星"。

晋·慧持

慧持（337—412），俗姓贾，山西雁门楼烦人，净土宗初祖慧远之弟。慧持自幼聪明好学，志向高远，18岁时与哥哥慧远一同拜高僧道安为师，后与哥哥到庐山修行，协助哥哥修建净土宗祖庭——东林寺，并在公元390年，成为第一个中国佛教团社——白莲社的成员。

慧持身高八尺，丰神俊朗，庐山佛门弟子前后三千余人，不乏英秀者，但都不及慧持。慧持送姑姑到京城时，受到尚书令王珣热情款待。

慧持和尚

东晋隆安三年（公元399年），慧持辞别慧远前往蜀地，走到荆州时，荆州刺史殷仲堪以及后在建康称帝的桓玄，都殷勤挽留慧持，但慧持说自己的愿望是栖于峨眉山峰峦之间，便悄然乘舟离去。

慧持到达成都之初，住在龙渊寺，大力弘扬佛法，受到四方钦慕，益州刺史毛璩也十分推崇。当时，僧人慧岩、僧慕等在蜀地影响很大。慧持来后，人们都望风推服，以至于都称来到慧持僧堂作"登龙门"。

慧持为实现自己"观瞩峨眉"的宏愿，不久就离开龙渊寺，游历峨眉山，并创建峨眉山第一座正规的寺院——普贤寺。两年后，慧持返回龙渊寺。公元405年，谯纵造反，慧持只得到郫县中陀寺避难。

谯纵有个侄子名道福，鲁莽残忍，嗜杀成性。一天，道福率兵闯入中陀寺，众僧大惊，四下出逃，唯有慧持镇定自若，正神闲气定地洗漱。道福不禁被慧持的气势震慑，灰溜溜地离开寺院。事后，道福叹道：道德高尚的人就是与众人不同！

公元412年，慧持在蜀地传播佛法12年后，在成都龙渊寺圆寂，终年76岁。临终前他告诫弟子："经言，戒如平地，众善由生，汝行住坐卧，宜其谨载。"

南北朝·淡然

淡然，俗名林时茂，生卒不详。初为东魏孝静帝宠将高欢的部下，因战功显赫，封镇南将军。后厌恶了杀戮，加之与高欢之子高澄不和，便弃官出走，辗转来到泽州（今山西晋城）析城山问月庵削发为僧。再后来又到建业（今南京）妙相寺修行，因见住持钟守净不守戒律，规劝无果，故与之发生冲突，一气之下来到峨眉山中峰寺。不久，淡然扩建了中峰寺，并结合峨眉山本地元素，创造了一套功法，为峨眉武术奠定了基础。

淡然大师

明代清溪道人撰写的《禅真逸史》就是以淡然为主人翁创作而成的。书中载淡然大师生于北魏孝文帝太和十五年（公元491年），卒于唐高祖武德元年（公元618年），世寿127岁。淡然到中峰寺后的某一天，一只黑狗和一只白猪惊慌失措地闯入，跪在他面前瑟瑟发抖，直掉眼泪。大师忙起身给他们吃的，没想到猪竟流着泪说起了人话："我是黎赛玉，因贪淫被丈夫杀死，变成猪，望大师相救。"淡然问黑狗是谁，黎某回答是媒婆赵蜜嘴。此时一阵腥风刮过，一只老虎咆哮而来，直奔寺院。大师喝住老虎。老虎见了大师，流着泪说："我原是妙相寺的是钟守净，生前没听大师劝诫，犯下淫罪，遭此报应。"原来他们就是曾经将淡然逐出寺院的住持钟守净、勾搭钟守净的女子黎赛玉、媒婆赵蜜嘴三人。淡然曾被他们三人诬陷，险些遭杀身之祸。如今他们追悔莫及，祈求淡然度化。

《禅真逸史》情节十分曲折，整个故事都围绕佛教的因果报应理念展开。在我国古代小说中，佛教色彩如此鲜明的作品并不多，这大约是它在思想文化史和小说史上有一席之地的缘由。

淡然大师圆寂前作《辞世颂子》云：

> 杀人如麻，立身以砥。宠辱不惊，恬淡是非。酒吸百川，肉吞千豕。醉卧中峰，羲皇自拟。皓月清风，高山流水。长啸狂歌，何分角徵。心证菩提，法舟相叙。生彼莲花，逍遥无已。

这是他对自己一生的总结。

唐·慧通

　　慧通，生卒不详，湖北江陵人，唐僖宗（874—888）时由浙江绍兴来朝峨眉。唐僖宗敕慧通建峨眉华藏寺①，并赐额"永明华藏"，又赐住持慧通禅师藕丝无缝袈裟一领及玉环、供器等。慧通除奉旨修建华藏寺，还陆续修复了普贤寺、延福院、中峰寺、华严寺四刹。后来，慧通发现峨眉山寺院屡遭火灾，认为是因山形像"火"的缘故，于是决定以

慧通禅师

①　此华藏寺在今半山黑水村，已废，与今山顶的华藏寺不是同一寺院。

"三云二水抑压火星"，将中峰寺改为集云寺，牛心寺改为卧云寺，华严寺改为归云寺，华藏寺改为黑水寺，普贤寺改为白水寺。

慧通的艰辛付出，为峨眉山普贤道场的形成打下了坚实基础，因此他被后世誉为峨眉禅宗第一祖。

慧通来峨眉山时，其妹慧续也一同住锡黑水寺，这是峨眉山有文字记载的第一位比丘尼。相传，慧通初到峨眉山黑水寺时，忽遇山溪暴涨，这时一只老虎出现，伏于溪边，让慧通跨着虎背过溪。后来，人们在此修建了虎跳桥。

传说黑水寺建成后，有"二虎巡廊""乌鸦报晓"。寺旁有一水池，池中栖息许多琴蛙，风和日丽之时，月白风清之夜，琴蛙在池中戏水跳跃，时作琴韵之声，与寺中早诵晚课此起彼伏，悦耳悠扬，人称"八音池"。明代大学士、兵部尚书胡世安在《登峨山道里纪》一文中写道："八音池一名乐池，池中有蛙，游人鼓掌则一蛙先鸣，群蛙次第相和，将终，则一蛙大鸣，群蛙顿止，宛然一部鼓吹。"

慧通圆寂后，门人将其肉身供奉在黑水寺祖堂内。胡世安于崇祯十二年（公元1639年）游黑水寺时，曾见到这尊肉身像。

唐·海通

海通，生卒不详。据唐代韦皋《嘉州凌云寺大弥勒石像记》和明代彭汝实《重修凌云寺记》记载，乐山凌云山弥勒大佛开凿的发起人是海通和尚。

海通是贵州人，结茅于凌云山中。岷江、青衣江、大渡河三江汇聚凌云山麓，波涛汹涌，舟楫至此经常颠覆。每当夏汛，江水直捣山壁，时常船毁人亡。海通和尚悲悯众生，立志凭崖开凿弥勒佛大像，欲仰仗无边法力，"易暴浪为安流"，减杀水势，永镇风涛，于是到江淮两湖一带募化钱财，准备开凿大佛。

佛像动工后，地方官前来索贿，海通严词拒绝，称"自目可剜，佛财难得"。地方官仗势欺人，说："尝试将来。"海通"自剜其目，捧盘致之"，"吏因大惊，奔走祈悔"。海通这种专诚忘身之行，激励众心，克诚其志。

弥勒佛像于唐玄宗开元初年（公元713年）开工，佛像修到肩部时，海通和尚圆寂。

唐·澄观

澄观（738—839），越州山阴（今浙江绍兴）人，11岁从本州宝林寺霈禅师出家。

公元776年，澄观从五台山来成都，访慧量大师，精研"三论"，后在峨眉山普贤寺、中峰寺等寺院住锡四年多，撰有《普贤行愿品疏》十卷，以"入法界缘起普行愿"为宗，阐明"法界缘起"，是《华严经》的宇宙观，澄观因而被誉为华严四祖、"华严集大成者"。除此之外，他还撰写有《华严经疏》四百余卷。

澄观的著述如今存世的尚有《大方广佛华严经疏》六十卷、《大方广佛华严经随疏演义钞》九十卷、《华严经行愿品疏》十卷、《大华严经略策》一卷等。

澄观对普贤信仰的建立和发展产生了较大影响。他的弟子中有四位最为著名，分别是圭峰宗密、东都僧睿、海印法印和寂光。

宋·继业

继业，生卒不详，陕西耀州人，少时在东京（今河南开封）天寿院出家。

乾德二年（公元964年），继业奉太祖赵匡胤之诏，率沙门三百，前往天竺取经，12年后返回京城。太祖诏继业择名山修习，继业来到峨眉山，被牛心岭下奇异风光吸引，便在此建庙居住，翻译注疏佛经，并扩建牛心寺。当时的牛心寺由前牛心寺和后牛心寺两部分组成。如今的牛心寺当时叫后牛心寺，又名延福院；当时的前牛心寺，到明朝时由广济禅师更名为清音阁。

继业精通经、律、论三藏，人称三藏大师，84岁圆寂。著名诗人范成大来朝峨眉时，还在牛心寺见到继业的遗物，于是在《峨眉山行纪》中，特地写到了继业去西域取经途中留下的笔记："寺所藏《涅槃经》一函，四十二卷，业于每卷后分记西域行程，虽不甚详，然地理大略可考，世所罕见……"

宋·茂真

　　茂真，生卒不详。他是一位精通医术的高僧，研究出"人痘接种法"，为峨眉山区天花防治做出卓越贡献，声闻朝野。太平兴国五年（公元980年），宋太宗赵光义诏白水寺住持茂真进京。

　　宋太宗即位以来大兴佛教，不但在东京设立译经院，还在各地兴修佛寺。峨眉山与五台山是当时最有影响的佛教名山，格外受朝廷重视。宋太宗见茂真涵养深厚，博闻强识，十分欣赏，不但赐诗赞誉，还赐黄

茂真和尚

金三千两，重建峨眉集云（原中峰寺）、卧云（原牛心寺，已废）、归云（原华严寺，已废）、黑水（原华藏寺，位于峨眉半山黑水村，已废）、白水寺（原普贤寺，今万年寺），并派内侍张仁赞协助铸造普贤菩萨骑象铜像，供奉于白水寺（今万年寺）。普贤菩萨骑象像通高7.4米，身长4.7米，重62吨，工艺精湛，造型生动，1961年被列为全国重点保护文物。

清代蒋超在《峨眉山志·高僧》中载："宋，高僧茂真居白水寺，太平兴国五年二月，奉诏入朝，太宗赐诗美之，馆于景德寺。舒王元珍以梦兆谕真，真曰'当有储嗣'，果育仁宗。"据蒋超记载，茂真为皇妃解梦，预测到将有皇储。此解应验，茂真因而受到太宗赏识。

宋范成大在《吴船录》中记载游历峨眉山时，亲见宋仁宗赐白水普贤寺红罗紫绣袈裟，上有御书发愿文曰："佛法长兴，法轮常转。国泰民安，风雨顺时。干戈永息，人民安乐，子孙昌盛。一切众生同登彼岸。"

由于茂真的影响力，太宗、真宗、仁宗三代帝王都对白水寺给予了特别关注，赏赐大量财物。

宋·怀古

怀古，生卒不详，俗姓张，峨眉县人，字德成。自幼聪慧好学，稍长到峨眉山中峰寺出家。成年后能诗善文，是著名的"九诗僧"之一。

宋初文坛上出现过三个有影响的诗歌流派——元白体、晚唐体、西昆体。怀古便是晚唐体的重要代表人物之一。他的诗作多以描绘深邃幽静的山中景色、恬淡超脱的隐逸生活为主，充满禅意。

欧阳修在他的《六一诗话》中赞美了九位诗僧的作品。这九位诗僧分别是：蜀地的怀古、希昼、惟凤，金华保暹，南越文兆，天台行肇，沃州简长，淮南惠崇，江南宇昭。他们虽分处天南地北，但常以文会友，诗词唱和。不但如此，他们还结交各阶层人士，诗人陈充（944—1013）便与他们成为朋友，并编辑有《九僧诗集》，还为之作序。

怀古存世的诗较少，以下择录两首。

闻 蛩

幽虫侵暮急，断续苦相亲。

夜魂沉荒垒，寒声出坏邻。

霜清空思切，秋永几愁新。

徒感流年鬓，茎茎暗结银。

送田锡下第归宁

念别孤亲久，无成万里归。

算程芳草尽，去国故人稀。

栈阁浮空险，刀州入望微。

前期有公荐，莫负老莱衣。

怀古于宋高宗绍兴年间（1131—1162），在峨眉山长老坪建万寿堂，又名永明万寿禅林。万寿堂今已废弃。

宋·瞎堂慧远

　　瞎堂慧远（1103—1176），俗姓彭，四川眉山人，13岁出家，拜宗辩为师，在成都修习佛法。后来，带着百思不得其解的问题，到峨眉山灵岩寺向徽禅师（徽禅师为黄龙慧南四世）请教。慧远对这段求学经历描述道："山僧二十年前，被业风吹到岷峨山下荆棘林中，撞着个无孔铁锤，被他一击，半醉半醒。"

　　绍兴初年（公元1131年），圆悟克勤大师（1063—1135）从江西云居寺返回蜀地，主持成都昭觉寺。28岁的慧远闻讯离开峨眉山，去向圆悟克勤求教，并随之学习15年。这段求学经历，让慧远收获巨大，得道开悟。如慧远所说："二十年后被业风吹去濯锦江头，葛藤堆里逢着个焦尾白额。是时，亲遭一口，直无丧胆忘魂，开得口，至今受用不尽。"

　　之后，慧远南下主持杭州灵隐寺，曾多次奉诏入宫，为宋孝宗皇帝讲解禅法，每次召见都受到极高的待遇，"必延坐进茶，称师而不名，礼数视诸师有加"。乾道八年（公元1172年）十月，孝宗皇帝赐慧远"佛海禅师"号。

　　1176年，慧远圆寂，世寿七十有三。

宋·华藏安民

华藏安民，生卒不详。嘉州人氏，俗姓朱，字密印。安民禅师面生异相，卓尔不同，据《南宋元明僧宝传》载："有异表，声若洪钟。"安民对《楞严经》领悟深刻，初到成都开讲，就被人雅称"《楞严》独步"，为川西第一大家。

就在安民已经成为一位有名的讲经大师时，著名的川籍高僧圆悟克勤返回成都，主持昭觉寺。安民拜访圆悟克勤禅师之后，大有感悟，决定不再讲经，而是跟随圆悟克勤习禅。《南宋元明僧宝传》记载："民俯首而出，叹曰：'禅门委有长处，叶公之龙不足贵也。'即散讲依栖焉。"

安民从此放弃经论，跟随圆悟克勤禅师学习，领会禅宗的奥妙。七年后，圆悟克勤受邀请到湖南常德夹山灵泉禅院，安民跟随前往。圆悟克勤在灵泉禅院完成了被世人称赞为禅门第一书的《碧岩录》。而安民在夹山的三年，终于明白了禅宗的要义，完成了经论与禅宗的连通、理论与实践的结合。

经过长达十年的考察与历练，圆悟克勤认为安民已经能独当一面，便提拔他升任首座。但安民在金陵名声日隆后，反倒越发思念故乡，于是辞去职务，返川回峨眉山，住持中峰寺。在中峰寺期间，他发现一位颇有慧根的年轻僧人，即后来闻名遐迩的禅宗大师别峰。可是当安民欲把位子传给别峰时，别峰却不愿意接受。

　　与从峨眉山走出去的许多高僧不同，安民是走出去，又返回来，最后在峨眉山走完生命的历程。据《大明高僧传》载，安民圆寂后，有许多晶莹的舍利子，且心舌不坏。

宋·别峰

别峰（1108—1190），俗姓李，名宝印，嘉州龙游人，世居峨眉山麓。自幼聪明好学，少年师从德山院清远，博通六经以及诸子百家。据陆游撰《别峰禅师塔铭》载，别峰在德山院博通六经及百家之说。"至是，复从华严起信诸名师，穷源探迹，不高出同学不止。论说云兴泉涌，众请主讲席，谢不可。"18岁那年，别峰到峨眉山中峰寺听密印禅师讲法，大有感悟，遂拜其为师。

别峰禅师

　　密印禅师号安民，是圆悟克勤的得意门生，当时是中峰寺住持，十分欣赏别峰，意欲把位子传给别峰，不想别峰不愿意接受。圆悟克勤第二次返回成都之时，安民让别峰去成都看望，别峰趁机不辞而别，跟随圆悟克勤修习佛法。圆悟克勤曾赞扬别峰"是子他日必类我师"（见《别峰禅师塔铭》）。

　　后来果如圆悟克勤所言，别峰成为一代大师，并住持峨眉山中峰寺14年。

　　为了开阔视野，增长见识，别峰辞去中峰寺住持之职，开始南下，云游名山大川，参访各地高僧以及文人雅士。先后拜访了沩山的佛性泰（四川广汉人，圆悟克勤嗣法弟子）、福岩的月庵果（江西人，开福道宁的嗣法弟子）、草堂的善清（江西人，黄龙祖心的嗣法弟子）、径山能仁禅院的大慧宗杲（俗姓奚，今安徽宁国市人，圆悟克勤最有成就的弟子之一），受并魏惠宪王（宋孝宗赵眘的次子赵恺）邀请，在南宋"五山十刹"之一雪窦寺住锡四年。

　　别峰南游返回四川后，先后在广汉、崇州，成都龙华寺、正法寺，青神中岩寺等地居住。这期间别峰认识了到四川为官的著名词人陆游，两人成为知己。淳熙六年（公元1179年），孝宗诏别峰入宫，担心别峰年老腿脚不便，特赐轿子于东华门内等候，还赐食于观堂，引对于选德殿，赐座问候，关怀备至。不久，孝宗又诏别峰为御注的《圆觉经》作序。之后，别峰厌于应酬，于淳熙十五年（公元1188年）冬，以自己年老体衰为由，奏请在径山北筑茅屋居住。当时还是太子的赵惇，为小庵题写匾额"别峰"。"别峰"的名号就是这样得来的。

　　绍熙元年（公元1190年）冬十一月，别峰预感自己将不久于人世，写下"十二月七日鸡鸣时"。同年十二月七日，别峰安详示寂。七天之后，别峰葬于径山之西峰，世寿八十二，法腊六十四。宋光宗赵惇谥曰

"慧辩"，名其塔为"智光"。

别峰法孙宗愿于绍熙三年（公元1192年）三月，赴山阴镜湖寻找陆游，请他为别峰禅师撰书塔铭。陆游唏嘘不已，虽然年老体衰，仍挥毫写下《别峰禅师塔铭》，想到自己"与师交最久"，不仅记述了别峰的生平与功德，文末还深情赞颂曰：

　　圆悟再传，是为别峰。坐十道场，心法之宗。渊识雄辩，震惊一世，矫乎人中龙也。海口电目，髦期称道，卓乎涧壑松也。叩而能应，应已能默，浑乎金钟大镛也。师之出世，如日在空。升于阳谷不为生，隐于崦嵫，其可以为终乎！

宋·祖觉

祖觉（1087—1151），嘉州龙游人，俗姓杨，号痴庵。自幼聪慧，过目成诵。早年仰慕韩愈，曾经著书立说，排斥佛教。后因双膝生毒疽，疼痛难当，无人能医，大观四年（公元1110年）投四川青神县中岩寺慧目能禅师座下，病情开始好转。政和五年（公元1115年）正式剃度出家。

祖觉精究《华严经》，尽得其奥，被人尊称"觉华严"。后来跟随圆悟克勤禅师在成都修习禅法，颇有收益。祖觉一生著述颇丰。据《大明高僧传》载："尝修《北宋僧史》，并《华严集解》《金刚经注》《水陆斋仪》等行世。"在祖觉的著述中，《唐柳本尊传》与《水陆斋仪》影响最大。

祖觉的家乡天池坝（位于今乐山市冠英镇）在唐末时出了一位传奇的人物——柳本尊。据清嘉庆十七年（公元1812年）《汉州志》载："嘉定城北有柳生瘿，瘿破出婴儿，郡人收养，以柳为氏。少长，祝发玉津镇天池坝，唐大中九年乙亥得道。"

柳本尊，一说生于唐宣宗大中九年（公元855年），姓柳名居直，信众尊称他为"本尊"。五代时创四川地区金刚界瑜伽部密宗（也有人称"川密"），建道场于汉州（今四川广汉）弥蒙镇，布道行化于成都四周，屡显神异，信众甚多，后获"唐瑜伽部主总持王"称号。至南宋，出生于大足的赵智凤秉承其教并发扬光大，建造了后世称为"大足石刻"的宝顶山摩崖造像。

杨家在天池坝是有名的大户人家，广有田产。杨家祠堂至今仍在，为乐山市的重点文物保护单位。有关柳本尊的传说，想必祖觉早有耳闻，可能是他后来撰写柳本尊传的缘由。

关于柳居直的文献资料极少，而且或互相矛盾，或神化失真。如今能见到最有价值的就是祖觉修撰的《唐柳本尊传》碑刻，记述了柳本尊化道"十炼"始末。该碑现存于宝顶山小佛湾。

祖觉的另一重要著述是《水陆斋仪》。水陆法会，是中国佛教经忏法事中最隆重的一种。水陆法会在中国起源于梁武帝，经周、隋各代，其传渐衰，至唐代才又逐渐再兴起。到北宋，大文豪苏轼曾写《水陆法像赞》，后人谓之《眉山水陆》。

水陆法会自宋代很快普及全国，成为朝野常行的一种超度法会。祖觉将水陆道场仪轨完整记录整理，编撰成《水陆斋仪》，对当时四川水陆法会的盛行产生了较大的影响。

虽然祖觉《水陆斋仪》原本今已亡佚，但近年在云南发现的元代《重广水陆法施无遮大斋仪》，保留了祖觉《水陆斋仪》的主体内容，为学者解读大足宝顶石刻的内涵，加深对宗晓《施食通览》的了解提供了重要线索。

祖觉晚年住锡眉州（今眉山）青神中岩寺，64岁圆寂。

宋·宝月

宝月惟简（1012—1095），俗姓苏，四川眉山人，苏轼同族宗兄。天禧四年（公元1020年）9岁出家，师从成都中和胜相院（大慈寺）慧悟大师，19岁受具足戒。由于学识渊博，才华出众，惟简29岁时就受赐紫衣。

"紫衣"是唐朝三品以上官员的衣装，自武则天以后，朝廷开始向僧人或者道士赐紫色袈裟或者道服，"紫衣"继而成为对僧人或道士的特别褒奖。这一惯例被以后历代王朝沿袭。

惟简早期一直辅佐师兄惟度管理寺院，惟度圆寂后，惟简继领本院。此后，他的才华越发展现出来，36岁受赐"宝月大师"之号。苏轼在《宝月大师塔铭》中写道："师清亮敏达，综练万事，端身以律物，劳己以裕人，人皆高其才，服其心，凡所欲为趋成之，更新其精舍之。"惟简修建精舍僧房173间，完成卢舍那佛、阿弥陀佛、弥勒佛、观音四座佛像，建砖桥27座，等等。苏轼还赞美惟简："喜施药，所活不可胜数。少时瘠黑如梵僧，既老而皙，若复少者，或曰是有阴德发于面，寿未可涯也。"意谓惟简悬壶济世，施药救助了无数百姓。他少年时又黑又瘦，看上去如同古印度僧人，可是老了以后反而肌肤白皙，如同少年一般了，这是积善成德使面容发生了改变。

宋代时，成都及其周边的佛教发展十分兴旺，中和胜相院（今大慈寺）是经论中心。唐末黄巢起义，唐僖宗逃往成都时曾经到过此寺。

峨眉山黑水寺正是唐僖宗敕建的，故乐山、峨眉山与大慈寺僧人交往颇多。

苏轼多次到中和胜相院看望惟简，并相约游嘉州。治平四年（公元1067年）苏轼因父亲去世返回眉山，应惟简之邀撰写了《中和胜相院记》。之后苏轼又为这位佛门好友撰写了《四菩萨阁记》。元丰三年（公元1080年），当苏轼被贬黄州，亲友多躲避远离时，惟简特地让徒孙惟清专程前去看望。两人的友谊维系了四十多年，《苏轼全集》中有不少与惟简有关的文字。佛教对苏轼的思想及文学创作产生了极大的影响，而宝月惟简正是其中一个至关重要的人物。

元·金碧峰

金碧峰，生卒不详。乾州（今湖南吉首）永寿石氏子，名宝金，号
碧峰。金碧峰6岁依云寂温法师为弟子，后剃度出家并受具足戒。早期
讲经说法，四辩飞驰，闻者耸听。后来意识到"昔者祖师说法，天华缤
纷，金莲涌出，尚未能脱生死"，于是遂弃所学，转而习禅，入蜀缙云
山中。第一次在菜园禅定，"历三时"，废寝忘食，而后出定，求证于
缙云山真如海，得到印证。

在第一次禅定之后，金碧峰来到峨眉山深处，修头陀苦行，"誓不
复粒食，日采松柏啖之，胁不沾席者又三年"，不吃粮食，仅以松柏
充饥，禅定三年，累日不起，终于获得了很深的禅定功夫。后闻伐木声
开悟。

明代宋濂①《寂照圆明大禅师碧峰金公舍利塔碑》载："越七日，
水退。竞往视之，禅师燕坐如平时，唯衣湿耳。"就是说金碧峰禅师入
定后多日不起，后来趺坐于树下时，山洪暴发。人们以为他已经被水溺
死，七天后去看，不想他依旧安然坐在地上，只有衣服湿了。

第二次禅定修习，金碧峰了悟"未生前之事"，其师赞曰"能明大
机用"。

关于金碧峰禅师的禅定功夫，《释鉴稽古略续集》载：

---

① 宋濂是元末明初的文学家、史学家，曾任翰林，修《元史》。

太祖渡江时，或谓："欲定天下，僧金碧峰不可不见。"及宣州见之，僧跏趺危坐不为礼。上叱，僧亦叱。上曰："可曾见杀人将军乎？"僧曰："可曾见不怕死和尚乎？"上遂释剑作礼，僧答礼。徐谓："建康有地可王。"

明太祖定都建康（今南京）是得到了金碧峰禅师的指点，这从另一个角度说明金碧峰禅师由定生慧，料事如神。

明·宝昙

宝昙（1334—1392）幼年出家，洪武初年（公元1368年）奉太祖诏来峨眉山，住锡山顶永延寺，重建铁瓦殿，并铸普贤菩萨金像。之后又整修四峨山普贤兴场（位于今峨眉山市普兴乡）之普贤寺。宝昙逗留蜀地十年，奉诏还，卒于天界寺，以国师之礼安葬。有资料称，宝昙的弟子将其部分灵骨带回普贤寺后山安葬。

太祖朱元璋赠诗两首，以寄托对宝昙的哀思。

宝昙国师

其 一

断岩知是再来身，今日还修未了因。

借问山中何所有，清风明月最相亲。

其 二

山中静阅岁华深，举世何人识此心。

不独峨眉幻银色，从教大地变黄金。

明代国师宝昙和尚祭祀，位于四峨山普兴乡

明·广济

广济，生卒不详，相传原是安徽凤阳皇觉寺僧人。明太祖朱元璋出身贫苦，从小受尽饥寒。至正四年（公元1344年），安徽凤阳发生大灾和瘟疫，朱元璋父母及兄长相继去世，他不得不到皇觉寺为僧，以求生存，广济因而与之有交往。朱元璋称帝后，广济入峨眉山隐于前牛心寺，扩建修缮寺院，因见四周山水怀抱的风貌，又见亭、台、楼、阁与流水潺潺，和谐相融，便取晋人左思《招隐诗》中的"何必丝与竹，山水有清音"中的"清音"二字，改前牛心寺为"清音阁"。朱元璋的十一子蜀献王朱椿（1371—1423），曾题诗赠送广济禅师。广济禅师为迎接朱椿而在清音阁前所建的接王亭，成为峨眉山一道优美的风景。

广济禅师圆寂于后牛心寺。

明·别传

别传（1498—1579），俗姓汪，名慧宗，湖北云梦人，7岁出家。明武宗正德十三年（公元1518年）在四川綦江县永寿寺受具足戒。嘉靖十三年（公元1534年）来峨眉山，目睹普贤瑞相，圆明殊胜，因敬生悟，更向宗宝法师学习究竟之法，印契西来密宗。别传禅师之所参悟，皆得宗宝法师印证。

别传禅师

当时峨眉山顶铁瓦殿年久失修，行将垮塌，游人与居士登顶无处栖息，于是别传发愿，重新修缮铁瓦殿。从此，他四处募资，节衣缩食，历时数载，最终完成，并铸普贤铜像一尊，铜佛65尊，供奉于金顶。

后来别传又在白水寺（即万年寺）建伽蓝殿，铸铜佛像三尊。另外还铸铜钟三口，一口置白水寺，一口置永延寺，一口置圣积寺老宝古楼。其中置古楼的钟最大，重达25000斤，钟声清越，可达数里之外，被人称为"圣寺晚钟"，为峨眉山十景之一。该钟现置于报国寺对面之凤凰堡。

《峨山图说》中所绘圣寺晚钟

隆庆元年（公元1567年），别传禅师又率人在白龙寺周围按《法华经》以字计株，广植杉楠69777株，荫蔽岩岫，后人称之为"古德林"（亦称"功德林"）。

别传禅师住锡峨眉山近四十年，后奉诏入京，明神宗赐号"洪济"，并赐紫衣、金牌、经书及幡幢等法物。万历七年（公元1579年）十二月，别传圆寂于五台山，世寿八十一。弟子负灵骨还峨，将其安葬于万年寺前的钵盂山之四会亭处。

明·通天

通天（1525—1601），陕西同州（今大荔）人，俗姓潘，名明彻。少时信佛，14岁到五台山龙冈，礼翠峰和尚为师，出家为僧，数十年苦行不懈，潜心修行。明隆庆二年（公元1568年）来峨眉山，在杳无人迹的千佛顶结茅，与烟霞为伍，老熊做伴，精进修行。

万历元年（公元1573年），通天在天门石下建海会禅林，由于道风清净、戒律森严，海会禅林声名远播。

万历十五年（公元1587年），皇帝赐通天紫衣袈裟及龙藏一部。之后又拨国库资金，让通天和尚修缮寺院，覆以铁瓦，并赐颜额"护国草庵寺"（今圆觉庵）。

万历十九年（公元1591年），成都大旱。传说人们以轿子迎请通天大和尚前往祈求天降甘露。法师刚至成都地界，天空顿时雷声大作，霖雨如泻。法师说："置我于雨中，待雨充足而返耳。"不顾众人劝阻，一直立于雨中。

返回峨眉山后，通天筑坛说戒，不惮劳苦，自己缝制了五百套戒衣，随成随授。弟子劝他不要过度劳累，法师说："佛祖尚且不舍穿针之工，我何人斯，安敢言劳耶？"

通天法师使峨眉山佛法大盛。他76岁时圆寂，圆寂前说偈云："七十余年幻化身，东西南北苦劳生。今朝惹得虚空笑，大地原来不是尘。"

通天圆寂后，弟子们将其身体存放在木龛中。据说三年后存放灵骨的砖塔建成时，弟子们打开木龛，法师面容仍栩栩如生。法师灵塔的塔匾"证涅槃门"，时常放光。

明·无穷

　　无穷（1536—1603），俗姓田，名真法，重庆铜梁人。因忽悟人生无常，于万历元年（公元1573年）抛妻弃子到峨眉山，礼通天和尚为师，剃发受戒。继而朝拜五台山，燃指供佛，忘身为法。返回峨眉山后某日，无穷长跪于通天和尚面前求问修行之道。

　　通天大师开示曰："若问修行事，也奇特，也平常，制心一处，无事不办。"无穷点头致礼，此后到厨房劳作，担柴运米，不畏辛劳。每

无穷禅师

日都等众人吃罢才进食，经常以残汤剩水充饥。后住九老洞一年多，除持钵之外，跌坐而不发一语，虽然形如槁木，但内心恬然。再后来，无穷禅师奉旨到荆南，坚持每天诵《华严经》，从不懈怠。

无穷不善文墨，发心刺血为墨，请其他僧人代书《华严经》二部，以报四恩，见者无不肃然起敬。

万历十六年（公元1588年），有广元王捐资建造金观音像三尊，奉献给无穷禅师在峨眉山供养。无穷禅师供奉观音像后，萌发了新的想法，于是到楚蜀等地募化，铜铸千手千眼大悲观音一尊，高三丈有余。县令见佛像巍峨，难以运送到山上，便请无穷在城东择地搭房暂供。

辛卯春，禅师又偕徒孙性宽赴京，慈圣太后赐金敕建大佛寺，修大悲正殿，供奉大悲观音铜像。大佛寺建成，共五进院落，前有毗卢、孔雀二殿，后有经楼等，巨栋雕梁，庄严宏大，蔚为壮观。

无穷禅师又于万年寺侧创建慈圣庵，楼高五层，除供奉慈圣太后塑像及所赐经书法物外，也接待过往僧众。另外，无穷禅师还带领僧众建回龙庵、莲花庵、十方院、太子坪、法慧庵等。

由于无穷禅师的奉献，朝廷先后赐五大典12部，百吉幡二幢，宫锦装成的《华严经》一部、《法华经》一部，并赐金购置庄田百亩，作为常住僧侣们的饭食开支。

万历三十一年（公元1603年）无穷禅师进京谢恩，在京师延寿寺示寂，世寿六十七。朝廷遣使护送其灵骨回峨眉山，葬于万年寺附近的钵盂峰。

明·妙峰

妙峰（1540—1612），俗姓续，名登福，山西平阳（今山西临汾市）人。据《清凉山志》记载，妙峰早年生活窘困，一度行乞于市，有幸与山阴王，即朱元璋的五世孙朱俊栅相遇。

朱俊栅常住蒲州，崇佛尊僧，与万固寺僧人朗公是朋友，常在一起谈禅论道。他见妙峰虽然衣衫褴褛，但气度不凡，便劝朗公收其为徒，说："此子五官皆露，而神凝骨坚，他日必成大器，当收为徒。"不但如此，朱俊栅"乃修中条山栖岩兰若。令登闭关，专修禅观"，还在山中修了一座庙让其闭关参禅。

妙峰闭关不久，便有所悟。闭关三年后，开始云游四方以参学。在朝拜普陀山途中，妙峰受风寒大病，几番徘徊在鬼门关，对佛法有了更深刻的领悟，遂发愿铜铸文殊、普贤、观音三尊菩萨像，送五台山、峨眉山、普陀山永久供养。妙峰与峨眉山的因缘也由此开始。

妙峰病好后，前往南京参学求教。当时大报恩寺无极法师正在主讲《华严经》，憨山德清为副讲。憨山见妙峰每日不声不响，却将厕所打扫得十分干净，断定其必定不凡，于是二人结为同参。过了一段时间，妙峰回中条山结茅修行三年。之后，妙峰与憨山德清各自刺血为墨，书《华严经》。

万历十五年（公元1587年），慈圣皇太后于五台山为神宗祈皇储，妙峰与憨山德清为其举行了法会，会期120天，前后有上万人光临。

会后，妙峰觉得盛名之下，不可久留，于是与憨山德清皆离开五台山隐遁。

随后，妙峰在湖北荆州亲自监铸了三尊铜殿，一尊送五台山显通寺，一尊送峨眉山永延寺，还有一尊送普陀山。其中送峨眉山的一尊"殿高二丈五尺，广一丈三尺五寸。上为重檐雕绕，环以绣棂锁窗，中坐大士（普贤），旁绕万佛，门枋空处，雕画云栈剑阁之险，及入山道路逶迤曲折之状，渗以真金，巍峨晃漾，照耀天地"，直观地展现了《华严经》的法界学说。

渗金的铜殿完成后，安置在峨眉山顶铁瓦殿后高台处，由于金光闪烁，光照天地，故也称金殿，山顶也因之被称为"金顶"。僧人住锡修行的殿堂、寮房等建筑依旧叫"永延寺"。清代，铜殿毁于周围木屋火灾。光绪十二年（公元1886年）僧心启改为砖殿，颜额书"金顶"二字。光绪年间谭钟岳《峨山图说》一书中记载"金顶"即"永延寺"，又称"华藏寺"，金顶即古铜殿，是华藏寺的一个殿。这便是金顶成为峨眉山主峰的代称的由来。

妙峰一生修建了十余座大庙，并筑路建桥，功德无量，为弘扬峨眉山普贤道场功劳卓著。妙峰禅师于万历四十年（公元1612年）圆寂，世寿七十二。后来，明神宗朱翊钧赐御题匾额"永明华藏寺"，华藏寺更加声名远播。

清·贯之

　　贯之（1605—1681），四川犍为县人，俗姓汪，名性一。贯之从小聪慧过人，虽然每天读儒家书籍，但视红尘闹市为苦海，几番向母亲表达想出家为僧的想法。12岁那年，贯之父亲去世，母亲遂按儿子的心愿，将其送到嘉州金碧庵，师从三济和尚出家。

　　之后，贯之潜心学习佛经，每遇往来僧侣，都虚心请教，认真学习。

贯之和尚

三济和尚圆寂后，张献忠残部与清军交战，天下大乱，生灵涂炭。贯之到大渡河畔的狮子山中结茅修行，料知战乱后必有凶年，遂率人在山中开荒种地，囤积粮食。果然，饥馑接踵而至，粮食奇缺、价格暴涨，饿殍遍地。贯之拿出储存粮食，接济灾民。得知峨眉山许多庙宇遭战火毁坏，行人绝迹，僧侣饥馑，贯之又将粮食运往峨眉山，资助寺院。

后来四峨山印宗、瞿如两位禅师，见历史悠久的伏虎寺损毁已久，荒草萋萋，野兽出没，求问全山高僧，何人能修复寺庙。高僧们一致认为恢复此寺的重任唯贯之能担负。于是，印宗、瞿如两位禅师请贯之担纲。贯之最初谦让未允，印宗、瞿如一再请求，贯之方才答应。第二年春，贯之命人先去砍茅草荆棘，不想一行人刚到虎溪桥边，便有一人遭老虎袭击受伤，吓得众人落荒而逃。事后贯之亲自率人前往，果见一只老虎卧在伏虎寺废殿旁。可老虎见了贯之非但没有伤害他，反倒摇了摇尾巴，逃遁而去。

从此，贯之在山中结茅而居，为重建虎溪精舍殚精竭虑。伏虎寺复建历时二十多年而成，左右殿堂楼阁房舍共计110余间，巍峨焕然，布局考究，成为峨眉山第一大寺。这是贯之利人为志，济物为怀，不惜身命而成的寺院。贯之也由此达到了不需说法而无处非法，不必安禅而无时不禅的境界。伏虎寺建成后，贯之还在寺内设学业禅堂，聚峨眉有志僧人，共研佛法，为峨眉山培养佛学人才。

康熙二十年（公元1681年）三月，贯之感到身体有点不适，命寺院各执事及僧众课诵完毕后进入方丈室。他在纸上写下一偈："年经七十六，自愧无长处。弘誓深如海，道心高似佛。生生任我行，世世入天路。万物常围绕，那些随分足。"令众僧念大悲名号百声，随后投笔端坐而逝，世寿七十六。弟子们供养旬日，栩栩如生，满室异香。荼毗之后，安葬于离伏虎寺五里左右的红珠山灵骨塔。

清·可闻

可闻（1630—1700），安徽当涂人，俗姓赵。从小极具善根，10岁时父母送他到青山，礼庆斋法师剃度出家。崇祯十六年（公元1643年）秋，他随师父庆斋护送一尊普贤像到峨眉山供养，哪知佛像安放仪式结束，师徒二人正准备返回时，清兵入关，战火四起，明朝灭亡，师徒只得寄居嘉州金碧庵。

不久，庆斋法师圆寂，可闻见金碧庵邻近闹事，人物混杂，不宜久居，想起送佛像到峨眉山时听闻贯之和尚涵养深厚，品德高洁，正率人重修伏虎寺，便决定去拜贯之为师，为修建伏虎寺出力。

拜贯之为师后，他更名海源，号可闻。此后担任监院，殚精竭虑，不但建成恢宏的殿堂楼宇，还塑大佛三尊，及诸菩萨金像，璀璨辉煌。之后又经多年劳碌，扩建僧寮、厨房、仓库、山门，以及寺院外的桥、亭等，并在路边设茶房，每天煮茶供往来行人饮用。可闻有一个弟子名寂玩，见师父购买栋梁建庙十分艰辛，遂发愿在寺院四周广植楠木、柏树，依照《法华经》，一字一树，以备将来维修扩建寺院所用。多年后，伏虎寺外树木参天，禽鸟和鸣。从贯之到可闻，伏虎寺重建历时15年，蔚为壮观，成为峨眉山寺院的翘楚。

可闻除全力建设寺院外，还派遣弟子出川，远赴金陵，购买《大藏经》，仅用数月时间，就印刷完成了梵本《大藏经》五千多卷，并将经卷迎请回峨眉山，存于伏虎寺藏经楼。后又派弟子明宗赴吴越等地，历时八年，苦行募装弥勒大佛、阿弥陀佛、观音菩萨、护法关圣等圣像，皆庄严肃穆，用舟船迎请回峨眉山。至此，伏虎寺气象大新，海内闻名。

可闻还有一桩心愿未了：修《峨眉山志》。康熙十一年（公元1672年）秋，御史蒋超来到峨眉山，隐居于伏虎寺后的萝峰庵。可闻与蒋超是同乡，志趣相投，于是二人协力编撰《峨眉山志》，并刊行问世，四方传播。

贯之圆寂后，可闻遵其遗命，到成都昭觉寺参丈雪禅师（破山海明法嗣），得临济宗正传。此时，成都北门外有一座建于五代时期的古老寺院，张献忠攻打四川时被毁，遍地瓦砾。官僧两界人士不断有人请可闻出山修复。可闻受命后，不负众望，老寺院风幡重展，气象一新。由此，仰慕可闻禅师的人纷至沓来，摩肩接踵。但可闻倦于省城纷扰，不顾挽留，坚持回到峨眉山伏虎寺。

康熙三十九年（公元1700年）中元，修盂兰盆会，初七日午后，可闻示微恙，第二天对弟子说："生寄死归，时节以至。"并叮嘱身后常住诸事，盥洗搭衣，端坐示寂，世寿七十。

清·弘川

弘川（1651—1731），俗姓徐，浙江淳安县人。康熙六年（公元
1667年）16岁时就来峨眉山重建了初殿，并更其名为凿井寺。据1992年
第2期《乐山文史资料》（乐山市市中区地方志办公室编）记载："山中
鹫殿，改名凿井寺。"

弘川行能和尚

东汉蒲公舍家建寺，乃有初殿，是峨眉山第一座佛寺。宋代称初殿为簇店，或鸶殿。印光大师（1861—1940）的《峨眉山志》[①]一书中载："簇店，凡言店者，当道板屋一间，将有登山客，则寺僧先遣人煮汤于店，以供蒸饮。"

康熙十八年（公元1679年），弘川与弟子宗彻福会（贵州遵义人）在初殿重建完成后，又重建了位于乐山乌尤山上的乌尤寺。乌尤寺原名正觉堂，始建于唐，宋末毁于战火。明景泰、成华年间，由当地杜、胡两大家族出资修建三大殿，但明末清初又一次毁于战火。

弘川来后，四方募化，重建乌尤山正觉堂，并在初殿、乌尤两地披剃门徒36人。初殿与乌尤由此归属曹洞一派，延续至今。

乐山乌尤寺，原名正觉寺，创建于唐，北宋时改今名

康熙三十八年（公元1699年），弘川又在峨眉山创建天花禅院（今洗象池）。

雍正九年（公元1731年）弘川在初殿圆寂，世寿八十。

---

① 1934年，著名僧人印光大师主持重修《峨眉山志》，着重突出峨眉山与佛教的关系。

清末至民国·果瑶

　　果瑶（1894—1936），贵州仁怀人氏，俗姓陈，名翠华。少时聪颖，成年后考入贵州陆军学校，后加入同盟会。辛亥革命后，参加蔡锷的讨袁护国军。1919年奉命去武汉购置军械，返回途中遭到抢劫，归队后被囚禁并开除。这令陈翠华深感失望与痛苦，遂萌发出家的想法。

　　1922年，果瑶到峨眉山金顶削发为僧，受具足戒后又进藏参学数年，收获颇多。返回峨眉山后，果瑶曾担任毗卢殿方丈、峨眉山佛学院院长。之后在万佛顶结茅修行，建冰雪庵。1936年圆寂于万年寺。

清末至民国·恒久

　　恒久（1879—1947），四川资中人，俗姓邹。父母早亡，从小替人帮工。成年后为生活所迫，加入川军二十四军刘文辉部，驻防乐山。虽然升为副营长，衣食无忧，但依旧诸多困惑。闲暇时登峨眉山，忽然感受到生命真谛，于1928年41岁时到峨眉山出家为僧。

　　1931年，峨眉山佛门为了防御土匪抢劫，保护全山寺院安全，建立"冬防队"（后更名为"僧警队"），恒久被推选为队长，率僧众维护了全山的治安，也开了峨眉山僧侣武装自卫的先河。

　　1936年，万年寺毗卢殿举行传戒大法会，恒久被迎为"坛上十师"。1947年冬，恒久圆寂，世寿六十八。

清末至民国·太虚

太虚大师

太虚（1890—1947），浙江桐乡人氏，俗姓吕，名沛林，1904年到苏州小九华寺礼士达上人为师，法号太虚。

太虚大师是中国近代佛教改革运动中的一位卓越理论家和实践家。他先后创办或主办了闽南佛学院、武昌佛学院、世界佛学苑、重庆汉藏教理院、西安巴利三藏院、北京佛教研究院，佛教刊物《海潮音》《觉群周报》等；组织世界佛教联谊会、中国佛教会、中国佛学会、中国宗教联谊会、世界素食同志会等佛教团体；撰写了大量佛教学术著作。他对清末民国时期佛教振兴做出了巨大的贡献。

太虚在峨眉山的时间虽然很短，但却与峨眉山有深厚的渊源。清末民初，四川各地庙产不断遭到地方军阀掠夺，峨眉山僧众频遭敲诈，多方呼吁求救无果。一些年轻僧人生活无着落，不得不离开，峨眉山佛教日渐衰落。为此，太虚大师来峨眉山，为峨眉山佛教改革提出思路，制订计划，期望率先在普贤道场峨眉山实践其"人间佛教"改革理想，再向全国推开。

太虚到峨眉后，发表了《峨山僧自治刍议》的演讲，鼓励"僧众应该实行独立自治，自己管理自己，不受地方豪绅的压迫"，保卫自己的权益。与此同时，太虚大师要求峨眉山的僧众不断学习，提高自己的素养。

由于太虚大师的影响力，以及各方人士的支持，峨眉山佛教典籍整理取得了一定的成果。之后，太虚又去重庆兴办佛教教育，培养僧侣人才。1932年，太虚大师到重庆缙云山缙云寺兴办汉藏教理院。汉藏教理院是中国近代佛教史上第一座汉藏并设、显密兼习的新型高级佛学院，是近代佛教复兴与改革运动的重要标志之一。汉藏教理院以"沟通汉藏文化、融合汉藏感情"为宗旨，课程以藏文、佛学为主，兼授历史、地理、法律、农业、伦理、卫生等，通过培养僧伽人才来推动和实现佛教改革。汉藏教理院建成后，太虚请了武昌佛学院、闽南佛学院、柏林教理院等佛学院中造诣深厚者来院任教。

太虚大师是"人间佛教"思想倡导的先驱，开创了中国佛教在近现代传播的新模式。他说："人间佛教，是表明并非教人离开人类去做鬼，或皆出家到寺院山林里去做和尚的佛教，乃是以佛教的道理来改良社会，使人类进步，把世界改善的佛教。"1983年，在庆祝中国佛教协会成立三十周年纪念大会上，"人间佛教"思想正式确立为当代中国佛教教务工作的指导思想，写入了《中国佛教协会章程》。"人间佛教"思想从此成为中国佛教界弘法利生的理论遵循。

1947年3月17日，太虚大师在上海玉佛寺圆寂。

民国至现代·圣钦

圣钦（1869—1964），四川三台人，俗姓贺，名永茂。7岁入私塾，
读四书五经及诸子百家。一日游寺院，闻僧侣诵《金刚经》，留下了深
刻印象。后来到成都，得昭觉寺无相法师开示，深悟人生若梦，遂萌出
家念。

清光绪十一年（公元1885年）正月初九，16岁的他离家出走，到峨
眉山接引殿，礼智德和尚为师，剃度出家。同年冬，在重庆华严寺受比

圣钦和尚

丘戒。之后返回峨眉山继续学佛经，修习禅定，二十年如一日。

光绪三十一年（公元1905年），圣钦离开峨眉山，顺江东下，先后到武昌莲溪寺、扬州高旻寺、镇江金山寺等参学。三年后返回峨眉山接引殿。

1911年，圣钦到四川彭县小鱼洞结茅，闭关苦修，欲精心总结二十余年来南北参学所得，以期彻悟。三年后，圣钦离开。

1915年，原来的中华佛教总会四川省支部改名为"四川省佛教协会"，设会址于成都武胜街十方堂，圣钦法师当选为总务长，并代行会长之职。两年后，滇军与川军刘存厚部在成都市区发生冲突，成都市炮火连天，满目疮痍，死伤者无数。圣钦法师约李道江、谢子厚、张立生诸居士，以四川省佛教会名义，向社会各界募捐以救济难民。他们分头穿街入巷，慰问受难家庭，还购买大量药品，聘请医师12人，为难民及伤病者诊病治伤，深得民众的感激与赞誉。

同年冬，峨眉山接引殿遭遇火灾，殿宇被焚。圣钦法师闻讯赶回，痛心之余，发愿重建祖庭。他率徒果静和尚等僧众，积极规划，八方化缘，并出售寺院田产三百亩用于建寺。经过三年的筹备，接引殿重建工作于1921年动工，历尽艰险而成。

1932年，川军师长马德斋部驻扎大慈寺。新都宝光寺无穷法师为此专程来成都，与各大寺院住持商议，共同礼请深孚众望的圣钦法师担任大慈寺方丈，以挽颓势。圣钦法师慨然应允，多次与马德斋据理力争，逐渐从马德斋部手中收回寺院，然后募集资金，大兴土木，重兴古刹。经过十余年，到1944年，大慈寺基本竣工。

在此期间，圣钦还为美国人费尔朴翻译的《峨山图志》作序，并短暂兼任乐山凌云寺方丈。

1953年，圣钦受聘为四川省文史馆馆员，并被选为成都市政协委员。1962年担任成都市佛教协会名誉会长。1964年1月30日，圣钦法师在大慈寺圆寂，享年95岁，荼毗后，葬于峨眉山接引殿前坡下。

圣钦法师提倡僧伽教育，整顿丛林，保护寺庙，重兴古刹，对四川佛教发展贡献甚多；他生活勤俭，习禅苦行，持戒精严，淡泊名利，声望极高。

民国至现代·果玲

　　果玲，出生年月不详，俗姓方，祖籍安徽桐城。1932年来峨眉山报国寺出家，礼圣泉上人为师，次年在重庆华岩寺受具足戒。之后先后任报国寺方丈、峨眉山佛学院院长等职。

　　果玲善诗词，不但与国内许多文化人，诸如郭沫若、齐白石、张大千等交往甚密，还曾指导瑞典学者、后来的诺贝尔文学奖评委、知名汉学家马悦然学习中国古诗词。

　　1950年，果玲去世。

民国至现代·果航

　　果航（1902—1960），俗姓熊，名愚明，四川江油人。1932年在成都大慈寺出家，礼圣钦大和尚为师。曾任昭觉寺知客、峨眉山接引殿知客、乐山凌云寺监院等。1943年回峨眉山，不久任万年寺方丈，后来又任峨眉山佛学院院长。

　　1950年，峨眉山佛教协会停止了活动，各寺庙出租的土地减租退押，且朝山敬香的居士大减，极少有供养收入，僧众生活十分困难，一半以上离寺。在峨眉县人民政府的领导下，留寺人员由峨眉山特编村负责统筹安排，办了纺织厂、篾业组、茶叶经营部等，组织生产自给。1951年，果航被选为特别村经营部经理。

　　1960年，果航圆寂，世寿五十八。

民国至现代 · 寂慧

寂慧（1899—1960），俗姓汪，名春武，四川南部县人。18岁时在峨眉山金顶锡瓦殿出家，后在成都文殊院受具足戒，并在文殊院住锡12年。

后来，寂慧出川云游参学，先后朝拜五台山、九华山、普陀山等地。1935年返回峨眉山，任锡瓦殿当家，同年赴北京参加中国佛教协会成立大会。1953年后，寂慧先后任峨眉山佛教徒爱国学习委员会主任、四川省文史馆馆员、峨眉山佛教协会副会长等职。

1960年，寂慧圆寂，世寿六十一。

民国至现代·普超

普超（1902—1982），四川自贡人，俗姓胡，名学成，幼读私塾，家贫，十余岁时便到商店做学徒，因非志趣所在，十分苦恼，渐有出家之心。

1921年，学成到峨眉山万年寺出家，拜妙道为师，法号朗性，字普超，别号正悟。1925年，普超在成都文殊院受具足戒，同坛受戒的还有能海、果瑶、果蓉、果玉、永光、传品等人。此后普超进入由佛源、圣钦、昌圆等高僧执教的四川佛学院学习，毕业后又到南京支那内学院，依欧阳竟无大师研修唯识学。再后来行脚参访，朝礼江浙名山大刹。

1936年，峨眉山佛学院院长果瑶法师病重辞职，诸寺长老共推普超法师出任院长，主讲唯识学。

1940年，普超到成都近慈寺依能海法师修学密乘。不久，又随能海法师去西藏求法，在拉萨哲蚌寺等寺院学习。返回成都后，普超法师翻译藏文经典，并著有《佛教基本常识》一书，供峨眉山僧徒学习之用。

1946年，峨眉山万年寺毗卢殿失火，经像法器焚毁无遗。普超外主募化，内监工程，历时三年修复毗卢殿。

1948年，普超受请出任德阳崇果寺方丈，并首次传戒。

1952年，普超当选为德阳县人民代表大会常务委员会委员。1953年返回峨眉山，先后担任峨眉山佛教徒爱国学习委员会会第一、二届会长、峨眉县人大代表、四川省政协委员、第一届峨眉县政协委员、第二届峨眉县政协常务委员。

1966年，普超法师返回原籍富顺县，并翻印了《佛教宗派源流·佛祖心灯》一书。

1978改革开放后，普超法师重回峨眉山，自1981年4月起担任报国寺的住持，以后又先后担任中国佛教协会理事、四川省佛教协会副会长等职务，为保护峨眉山寺庙、文物、森林等做出多方面贡献。

1982年，普超法师在成都圆寂，世寿八十，其灵骨葬于峨眉山萝峰庵塔林。他生前的道友，时任乌尤寺方丈的遍能法师为其石塔撰联曰：

六十年西学南参功圆德备，
三千米钟灵秀毓山哀浦思。

民国至现代·传华

传华（1897—1986），四川遂宁人，俗姓蒋，名华全。1918年来峨眉山仙峰寺出家，礼海良和尚为师。两年后在新都宝光寺受具足戒，尔后在宝光寺和成都大慈寺学习。回峨眉山后历任仙峰寺知客、监院、方丈等职。

1953年8月2日，在峨眉县委、县政府的领导和支持下，召开了峨眉山佛教徒代表会，选举产生了峨眉山佛教徒爱国学习委员会，选出委员共18人：锡瓦殿寂慧法师任主任委员，万年寺住持普超法师、仙峰寺住持传华法师、金顶监院果纯法师任副主任委员，昌勖法师、圣湘法师、演奎法师、演观法师、常清法师、惟法法师、圣良法师等14人为委员。

传华法师佛学造诣深厚，为人低调，住锡仙峰寺二十余年，节衣缩食，修缮寺院，修整道路。法师圆寂后灵骨葬于峨眉山萝峰庵塔林。

民国至现代·遍能

遍能（1906—1997），俗姓许，名指光，四川省乐山市冠英镇人。1920年到乐山乌尤寺礼传度和尚为师出家，三年后在成都文殊院受具足戒，之后在文殊院戒堂（该堂1924年改为四川省佛学院）学习。毕业后，受聘到川东佛学院任监学。

1929年，遍能出川游方参学，一年后考入河北柏林寺柏林教理院。1932年返回四川，追随太虚大师推行的"人间佛教"改革运动，到重庆缙云山缙云寺参与兴办汉藏教理院。后来，遍能不但在汉藏教理院担任教师，还曾一度出任教务长。

1938年，遍能回乐山，任乌尤寺方丈。1953年8月2日，峨眉山佛教徒爱国学习委员会选举产生，以后又在其基础上，成立峨眉山佛教协会筹备委员会。

1956年11月9日，峨眉山第一届佛教徒代表大会在报国寺召开，到会代表127人。会议历时六天，听取和审议了峨眉山佛教徒爱国学习委员会成立三年多来的工作报告，讨论通过了《峨眉山佛教协会章程》，选举产生了峨眉山佛教协会第一届理事会会长、副会长、秘书长、副秘书长、常务理事和理事。最后礼请能海法师（全国人大代表）、巨赞法师（中国佛教协会负责人）、慈青法师（成都市佛教协会负责人）、太空法师（重庆市佛教协会负责人）、圣钦法师（成都大慈寺方丈）、遍能法师（乌尤寺方丈）为名誉会长，正式成立了峨眉山佛教协会。

　　"文化大革命"结束后，遍能任乌尤寺方丈，乐山市佛教协会会长，四川省文史馆研究员，中国佛教协会常务理事，四川省佛教协会秘书长、副会长，四川尼众佛学院教务长、新都宝光寺方丈，峨眉山佛教协会名誉会长，四川省人大代表等。

　　1997年2月4日，遍能法师在乐山乌尤寺安详圆寂，世寿九十一。遍能法师长于文学、书法，著有《乌尤寺楹联集释》《凌云乌尤寺史略》。他虽然一生坎坷，但始终坚持精研佛法，弘法利生，功德无量。

民国至现代·隆莲

隆莲（1909—2006），俗姓游，名永康，字德纯。1909年5月2日出生于四川省乐山市市中区上土桥街一个书香世家。其父游辅国曾任四川省教育厅督学、靖化县长及中学教师；祖父游西庠是清朝秀才；外祖父易曙辉是位举人，著名学者郭沫若曾是其学生。

隆莲幼承家学，聪颖过人，自学了高中数、理及文、史、哲等知识后，还在上海商务印书馆函授学校学习英语专业并毕业，后又跟随一位由美国来乐山的牧师之妻继续学英语。

1931年，游永康随父亲来到成都，先在成都县立女子中学讲授数学课程，后又挂牌行医。业余时间则深入三藏，钻研佛学理论。当时著名的高僧能海法师（1886—1967）、法尊法师（1902—1980）、昌圆法师（1879—1944），以及佛学家王恩洋居士（1897—1964）等人常在成都佛学社讲经说法，游永康几乎每会必到。

1936年春，游永康跟随父亲再次到成都，受聘于成都女子师范学校任教。不久，著名佛学家王恩洋居士来成都佛学社讲授《摄大乘论疏》，游永康自始至终前往听讲。四年后，她写成《〈摄大乘论疏〉略述》，受到王恩洋高度赞扬，王恩洋为之作序。

1936年深秋，游永康参加四川省文官考试，名列全省第一名。但她并没有去当县长，也没有留在工作环境舒适的省政府编译室，而是于1941年7月出家，法名隆莲。受具足戒后，她在成都近慈寺聆听方丈能海法师讲经说法，其间，又跟随章嘉呼图克图系统地修持密宗。

隆莲法师被尊称为巴蜀才女、中国第一比丘尼；历任全国政协委员，四川省政协委员、常委，中国佛教协会理事、常务理事、副秘书长、副会长，四川省佛教协会秘书长、会长、名誉会长，成都市佛教协会名誉会长等职。

隆莲法师一生佛学著述颇丰，如《三皈依观初修略法》《四分比丘尼戒本讲义》《能海法师弘法业绩述略》《能海法师年谱》《佛教道德观》等，译有《比丘尼二部僧戒羯磨》（汉译英）、《空行母仪轨》（藏译汉）、《绿度母四曼荼仪轨》（藏译汉）、《毗卢仪轨手印》（藏译汉）。除此之外，她还在中医、古典文学、书法、藏文等方面有较深的造诣。

2006年11月9日，隆莲法师在成都爱道堂圆寂，世寿九十七。

本章参考了以下文献：

《峨眉山志》、慧皎《梁·高僧传》、赞宁《宋·高僧传》、《大明高僧传》、《五灯会元》、《宋僧著述考》、《清凉山志》、《憨山老人梦游全集》、陆游《剑南诗稿》、《历代祖师与峨眉山》、《遍能法师传》、《隆莲法师传》、峨眉山档案馆资料等。

第五章
乐山佛教田野调查笔记选

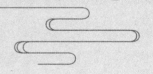

《峨眉伽蓝记》背后

疯师父

……

《峨眉伽蓝记》背后

　　"伽蓝"一词来自梵语，原指僧众共住的园林，后来成为佛教寺院的代名词。《峨眉伽蓝记》是一本关于峨眉山佛教寺院历史的书籍，1947年由乐山《诚报》印刷，由于出版量小，十分难觅。

　　2006年，乐山文史专家毛西旁先生离世前，嘱夫人将他的《峨眉伽蓝记》复印给我。毛先生那本也是复印件，再次复印有些模糊不清。这本书我很早就听说过，但一直无缘得见，获毛先生相赠，感念不尽，每每看到书就会想起他老人家。

　　《峨眉伽蓝记》详细周全，堪称民国时期的峨眉山志，是研究民国时期峨眉山寺院历史和文物的重要资料。据《峨眉伽蓝记》记载，其

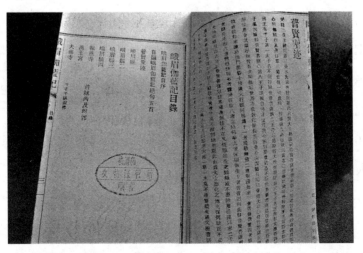

《峨眉伽蓝记》

作者刘君泽著书时峨眉山尚存寺院73座，其中包括后来一度消失的大佛殿、木皮殿、砖殿，以及千手千眼观音铜像、慈云寺的宋代铜佛等。

《峨眉伽蓝记》作者署名为刘君泽

峨眉山是中国四大佛教名山中海拔最高、寺院分布最广、地质结构最复杂的一座山，徒步在山中调查，其辛劳程度不言而喻。不辞辛劳写出这样一本书的是一个什么样的人？他与峨眉山有何种因缘？他为什么要写这本书？我多方打听，但一无所获。

从《峨眉伽蓝记》自序了解到，刘君泽接触佛法是其写作的缘起："庚午秋，太虚法师朝峨眉山，说法于峨眉城外大佛殿，僧俗听众者千人。余闻法生信，因请经读之。"之后，刘君泽学习佛法，又向宝光寺祥瑞法师请教，才萌生了修峨眉山志的愿望。

于是刘君泽广泛收集史料，包括方志、游记、报章杂志、残碑、栋梁、塔亭等，并四处实地考察，足迹遍布峨眉山古寺名祠，耗时十年编撰成书，旨在"订讹补缺，庄严名山"，可谓用心良苦！成稿三年后，刘君泽又再度修改，并让其弟刘君照校对，乡人朱贤能、谢瑞书、杨瑞五、魏瀛东、万于一斧正，以避免遗漏。

2011年3月，我到刘君泽家乡考察，在采访许多知情人后，知道了他及乡人的命运，不由深深哀叹！

发愿修峨眉山志的人屈指可数，如明朝末年有胡世安撰《译峨籁》，清初有御史蒋超撰《峨眉山志》等。对峨眉山寺院记载最全面的书当数清朝光绪年间谭钟岳所撰《峨山图说》。《峨山图说》是应光绪皇帝祭祀峨眉山的要求撰写的，有官府在财力、物力、人力上给予充分保障。与之相比，刘君泽写《峨眉伽蓝记》则纯属个人行为，与官府没有任何瓜葛，更谈不上受资助。他呕心沥血，只是为完成自己的心愿，是出于一个文化人的责任感，一个学佛者的虔诚。

我费了不少周折，终于从一个八十多岁的老人那里得知，刘君泽是峨眉人，在燕岗乡向北寺小学当过校长。这位老人是刘君泽的学生，他说向北寺小学是峨眉乡间最早的新式学堂之一，创办初期，刘君泽是既当校长又当教师，离家远的学生可以在校住宿，老人就是住校的学生之一。学校简陋的木床就安放在佛殿里，早上学生睁开眼睛就看到菩萨。课余时间，刘君泽喜欢带好学的孩子四处周游，讲解地理与天文知识，激发孩子的想象力与对自然科学的兴趣。

得知这一消息后，我立刻请峨眉山时任伏虎寺住持演文法师帮忙，托燕岗乡人了解刘君泽的详情，因为演文法师就是燕岗乡人氏，曾就读于向北寺小学。不久，传回的消息令我失望，说那里没有刘君泽这个人，更不知《峨眉伽蓝记》一书。向北寺小学早改为桂花桥中学，没有留下任何资料，向北寺的遗迹也荡然无存。

莫非那位老人的记忆有误，或者传回的消息不准确？我想来想去，决定亲自到燕岗乡走一趟。演文、演妙两位法师在百忙中抽出时间陪我前往。

失望地离开桂花桥中学后，演文法师带我去了徐二嫂家。徐二嫂是虔诚的佛教徒，经常到寺院做义工。我向她打听刘君泽其人，徐二嫂和丈夫谢宗灵皆摇头说不知。两人都六十出头，是土生土长的燕岗乡人，且谢宗灵曾在向北寺小学读书，清楚记得向北寺小学每一个房间的分布，并画出示意图，但却从未听说刘君泽。

聊了一会，徐二嫂叫女儿带我去燕岗村五组找刘大爷，说对方今年

82岁，当过生产队队长，对当地情况比较熟悉。刘大爷家在风火殿对面不远处。我们先去了风火殿，演妙法师的上师常清法师早年在此出家。

已有两百多年历史的风火殿破败不堪，原来的三重大殿只残留下一个，且只有不成样子的外壳，在四周新修的民居中间显得分外寒碜。村里的老年活动中心就设在里面。每逢农历初四、二十一，就会有上百岁的老人到此聚会，念佛，吃自助豆花饭，每人每次交纳三元餐费。进门正对的墙上挂着一块"敬老模范村"的牌子，墙背后隔出一间小屋，设有简陋的香炉和烛台，墙上挂了一张印刷得不错的观音菩萨画像，只是上面积了不少灰尘。

穿过旁边的通道，便是厨房和老人们聚会时念经吃饭的地方。一位从沙湾龚嘴水电站退休回来的老人，经常在风火殿走动，是来做义工的。他热情地向我介绍这里的情况。

残存的风火殿，过去是一座尼众寺院

刘大爷的老伴唐婆婆见两位法师光临，十分高兴，从屋里拿出常清法师的照片，亲热地称她作燕师父，说自己想念她时常看看这照片。

常清法师是燕岗乡人氏，俗名燕有华，17岁到风火殿出家为尼，1956年，峨眉山四乡九庵的21位比丘尼住锡伏虎寺，常清担任第一任住持，直到2001年90岁圆寂。

我问刘大爷是否知道刘君泽其人，刘大爷摇摇头，十分肯定地说没有此人。燕岗乡以刘、谢两姓为主，老一辈刘氏家族的他都认识。我又问，1950年以前的向北寺小学校长是谁？老人答：叫刘汉平，解放初镇压反革命时被枪毙了，很多年以后才作为冤假错案平反。

唐婆婆是个热心人，见老伴不能提供更多线索，便出主意叫我们去找一个叫梁大大①的老人打听。

唐婆婆说梁大大是有文化的人，写得一手好字，梁大大的丈夫92岁，头脑清醒，记忆力好，只是耳背，视力不好，只有通过梁大大才能与人沟通。其间，刘大爷的儿子和亲戚也赶来，在一旁出谋划策，甚是热情。他们都曾就读于向北寺小学。

告别刘大爷一家，我去找梁大大，不巧她出门去关帝庙了。我们又一路赶到关帝庙。这庙原来只是两间狭小的旧屋，一座废弃肥料厂的遗迹之一，阴暗潮湿，墙上贴了几张佛像，下面水泥台上插有香烛，里面却不见一个人影。附近的村民说，他们今天去的是另一个村的庙子，每逢初七、十七，很多老人都聚集到那里打牌、跳舞、吃豆花饭。这样的聚会成了老人们寂寞生活中的重要社交活动，有些小的纠纷也是在其中协商解决的。

我们只好返回徐二嫂家，在享受了徐二嫂准备的丰盛午餐后，忽见

---

① "大大"在峨眉方言里是对老年妇女的尊称。

梁大大从房前的公路上走过，真让我喜出望外。

梁大大八十多岁，精神矍铄，思维清晰，她正在为关帝庙的事发愁。由于日益高涨的物价，聚会时每人三元钱的自助豆花饭难以维持，而老人们又不愿意多交钱，于是上百号人的吃饭问题就纠结在梁大大心中。

我们一道去梁大大家，见她丈夫王登福正蜷在自家门前的椅子上发呆，毛帽、手套、墨镜、手杖、陈旧的中山装，岁月的沧桑刻在脸上纵横交错的每一条皱纹里。当梁大大贴在丈夫耳边将我的来意说明时，老人家一下挺起腰来，大声对我说：

"解放前向北寺小学的校长叫刘汉平，大学生，有学问，中等身材，不胖不瘦，经常穿西装，戴博士帽。为了办学校，把向北寺中的石刻十八罗汉全部打掉，还拆了附近两个小庙，把那些木料、门窗运来建学校。开初只有他一个人，既当校长又当老师，后来娃儿就多起来，才有了其他老师。可惜，1951年上半年在南天寺被枪毙了，同时被杀的还有四个人……"

老人滔滔不绝，还一口气背出当时燕岗乡23个被枪毙者的名字和所住村落，朱贤能、谢瑞书就在其中。朱、谢二人一个是大地主，一个是乡长，前者是刘汉平的好友，后者是他的得意门生。

梁大大告诉我，她曾在向北寺小学上过两年学，谢瑞书是她的老师，写得一手漂亮的毛笔字，尤其是隶书，她印象非常深刻。

王大爷还在絮絮叨叨地说有关向北寺、刘汉平的往事，我脑海里忽然闪过一个念头：刘汉平与刘君泽会不会就是同一个人，只是名号不同罢了？

当我把这个想法说出来时，老人家愣了愣，没牙的嘴很久没合上，似乎竭尽全力在记忆深处搜寻，却最终失望地摇摇头说，不知道，只听说刘汉平经常围着向北寺转，后来写了一本书，但不知道是什么书。

于是我心里更加确定：刘汉平、刘君泽就是同一个人。我便接着打听刘汉平有无后人。梁大大答："有一个女儿，患乳腺癌去世，孙儿是农民，重孙听说在卖猪肉。"这既在意料之外，也在意料之中。

正在此时，徐二嫂带来一个人，是谢瑞书的儿子谢宗陶。实在出乎我的意料，原来谢宗陶与徐二嫂的丈夫是叔伯兄弟！谢宗陶也曾在向北寺小学读书，是刘汉平的学生，今年78岁。

没想到绕了一大圈，解铃的人就在起点。一问谢宗陶，果然刘汉平就是刘君泽。

在谢宗陶记忆里，父亲经常西服礼帽，有时手里还拿一根文明棍，装束打扮与刘校长相似，喜欢诗词歌赋。当时向北寺小学里聚集了好些这样的老师。向北寺小学由于教学质量高，声名远播，附近的孩子都纷纷前来，连九里等比较远的乡镇上也有家长将孩子送来。学校学生最多时达三百多人，在当时教育并不普及的乡间，这是一个相当惊人的数字。

采访92岁的王登福老人（中）与他的妻子（右）。

谢宗陶读到四年级，就不得不辍学务农，父亲死后，母亲无奈改嫁，伯父收养了他并将他抚养成人。

从谢宗陶的讲述中，我还得知，朱贤能是中共地下党员。1947年峨眉大旱，粮食歉收，爆发了饥民风潮，数百农民聚集在县政府索要粮食。朱贤能曾将自家粮仓打开布施饥民。可是，由于朱贤能在白色恐怖最严峻时烧掉了相关材料，又因为与组织是单线联系，对方牺牲后与组织关系中断，无法证明自己地下党员身份，故而被当作剥削农民的大地主枪决，直到几十年后才得以平反。

通过燕岗几位老乡的讲述，我对刘君泽的身世有了大致了解。刘家过去是当地的大户，广有田产，故能供养儿子上大学。

刘君泽外出求学期间，正值由陈独秀、胡适、李大钊等人发起的新文化运动与五四爱国运动相结合的阶段。新文化运动对传统文化批判的态度深深影响了刘君泽，他立志教育兴国。刘君泽满怀豪情返回家乡，如同那时的许多激进青年一样，与旧时代决裂，向传统发起挑战。他砸了向北寺里的佛像，创办了当地第一座新式学校——向北寺小学。他希望家乡的孩子摒弃私塾，从枯燥无味、脱离现实的四书五经中解脱出来，成为反抗封建专制、传播民主科学的具有自由精神的现代文化人。

然而，乡村的现实状况逐渐使刘君泽产生了思想上的困惑。他百思不得其解，陷入苦闷与彷徨。

1930年秋，太虚大师到峨眉大佛殿（今大佛禅院）讲法，刘君泽抱着试一试的心态前往听讲。太虚大师的一番讲解如醍醐灌顶，让他茅塞顿开，由此他开始研习佛经，从中得到一些启迪。

1933年，刘君泽在广汉教学期间，有机会读到了张克诚先生的遗作，对人生有了新的认识和感悟，逐渐走出迷茫。

张克诚（1865—1922），名炳桢，晚号净如居士，四川广汉人。张克诚的父亲是当地乡绅，张克诚与其父先后在广汉等地设小学十余所，以提倡新学，发展教育，同时又在家乡创办小型手工艺工厂，开拓实业，深得乡人的尊敬。1908年，43岁的张克诚到达北京，并考入殖边学堂，学习俄文、蒙文，毕业后随宣抚使姚锡光赴蒙古，任大同防护使署执法处处长。后见官场黑暗，便弃官返京，研习佛法，并到北京大学授课。

张克诚是我国最早将佛教知识带入校园的学者之一，也是民国早期研究唯识的学者之一，对佛教哲学有深入的研究和重要的贡献。

之后，刘君泽又朝拜新都宝光寺，并有缘闻听祥瑞法师开示，对佛法有了更深入的了解。自此，除诵读佛经外，刘君泽开始习静。

返回峨眉后，刘君泽思量自己祖辈受名山佛土恩惠而无以回报，于是萌生了记载峨眉山寺院历史与现状的想法，"有关佛法必详述之，非佞佛者也传会。圣迹必明辨之，恐诬佛也。至其有关县志者，则随文附记焉"。

这时的刘君泽已由激进的知识青年转变为虔诚的佛教徒，反思过去，面对未来，期望以自己的方式传播佛法。佛家讲布施；以文字宣扬佛法，维护佛法，就是一种布施。刘君泽用十年时间著成《峨眉伽蓝记》，完成了自己的心愿，为峨眉山留下一笔财富，默默布施后人。

2012年5月，我到峨眉山采访84岁的药农袁大爷。袁家几代行医，耳闻目睹许多峨眉山往事。闲聊中，他提到刘汉平，说曾拜访过刘的父亲，他虽然当时只是一个不更事的少年，但对这件事至今仍有印象。

这个世界浩瀚无边，然而有时又是那么触手可及。

也许，《峨眉伽蓝记》背后还有更多不为人知的故事。期待有缘听闻。

疯师父

（一）

雨后峨眉远山含黛，一条红砂石径蜿蜒在翠竹林间，我和悲法师缓步向萝峰庵走去。

峨眉山萝峰庵

"你会吹竹哨吗？"悲法师问。不待我回答，她顺手扯下一片竹叶卷成筒状，然后放在唇边吹起来。顷刻间，竹林里响起清脆悦耳的鸟鸣，时而婉转，时而低沉，时而空灵，仿佛在述说一段难忘的往事。而那一刻，悲法师的眼里浮现出我从未见过的柔情，那种绵绵的情愫带着极强的感染力，辐射到我心里，并一点点地弥漫开来……

我与悲法师相识多年，在我的印象中，她总是一副端庄稳重、不苟言笑、严谨自律的模样，像今天这般稚嫩童真的举动我还是第一次见到。

"这是我师父教我的。师父每天煮饭时，都会把沥过米的筲箕拿到竹林里去，扯一片竹叶做哨，鸟儿一听到竹哨声就飞来啄食残留在筲箕缝中的米粒。那似乎是师父最快乐的时光，目光柔和，满脸慈祥，没有一点疯癫之状。"悲法师说。

悲法师对她师父的回忆慢慢展开……

（二）

悲法师18岁那年到她师父所在的大乘寺出家，大乘寺破旧的小庙里只有几位年长的僧人。大乘寺始建于宋代，明代扩建，明末战乱中被毁，清康熙年间再次重建。她的师父在"文化大革命"中疯了，平日缄口不语，四处流浪乞讨，大家背地里管她叫"疯师父"。宗教政策恢复后，她返回寺院，大乘寺已面目全非，无限凄凉。可是疯师父却很开心，她焚香沐浴，重新剃头，换上僧衣，只是依然很少与人交流，默默地在厨房里烧火煮饭。久而久之，疯师父似乎成了她的名号，原本的法号反倒被人淡忘，即便有人当面称她"疯师父"，她也欣然接受。

18岁的悲法师当时在一个乡医院当护士，工作轻松，待遇不薄，可是总有一些迷茫困扰着她。人生的路何去何从？

一天，一个男子用自行车推着即将临盆的妻子来医院，哪知刚踏上到医院必经的木桥时，不幸的事发生了！木桥忽然垮塌，夫妻双双坠入溪流中。时值雨后，洪水暴涨，丈夫侥幸捡回一命，妻子却带着腹中的胎儿遇难。

这桩发生在悲法师眼前的悲剧深深刺痛了她彷徨中的心灵，她忽然感悟到人生的无常，思前想后，决定出家为尼，并选择了大乘寺。

当时的大乘寺，寺院破败，后继乏人，一个年轻人的到来，似乎给冷清的寺院带来希望。不料疯师父却说："你顶起鸡窝还想出家？"其他法师忙打圆场，对悲法师说："她是疯子，打胡乱说！"

悲法师摸了摸自己的头发，这是她花费了近四分之一的月薪烫的时尚卷发。这在疯师父眼里也许象征着红尘未了。悲法师二话没说，转身直奔理发店，要求把一头浓密的长卷发剃光，惊得理发师迟迟不敢下手。

出家后，悲法师每日跟随疯师父劈柴、担水、做饭、打扫卫生，也把沥过米的筲箕拿到竹林里，吹竹哨唤鸟来吃。即使有早晚课，也不过是简单的诵经，对于她渴望了解的佛理佛法，无论是疯师父还是其他僧人，都不向她传授。这与她原来想象的出家生活相距甚远，她甚至开始怀疑自己当初的选择是否有些草率。

慢慢地，在与疯师父的朝夕相处中，悲法师感受到疯师父的"疯癫"与普通人的疯病有所不同。师父时而疯疯癫癫，时而清醒明朗，有时又似醒似梦，师父的"疯癫"之中隐藏不为人知的智慧与勇气。

她开始细心观察疯师父，见疯师父每顿饭总是最后吃，待别人吃完离开后，才把剩菜剩饭装进自己碗里；有时饭菜告罄，疯师父就只喝一碗米汤，或者什么也不吃。而更让悲法师惊讶的，是疯师父对事情的先知与行动的果敢。

一天，悲法师正与疯师父在厨房里忙碌，忽听附近又传来女人的哀号声。那家男人是个酒鬼泼皮，又有一身蛮力，经常在酗酒后暴打妻子。邻里担心泼皮纠缠，不敢上门劝阻。这天，疯师父出人意料地叫悲法师把大火钳放进炉灶里烧。悲法师问她要做什么，她只说："你不用管。"

不一会儿，那女子披头散发冲进寺院，大声呼救："师父，救我——"

疯师父二话不说，提起烧红的大火钳疾步冲到大门口，迎着挥舞着菜刀追赶而来的酒鬼冲上去，用火钳一下夹住那男人手中的菜刀。男人几番想挣脱，可是竟然不能动弹，最后只有哀求："疯师父，你松手，我只是吓她。"疯师父正色道："以后再打老婆，我认得你，我手里的火钳认不得你！"

事后，悲法师追问疯师父："你如何知道那天女人会跑到寺院求救？"疯师父默不作声，只是点头笑笑。

不过从那以后，那男人老实多了，有时会借着酒劲对人说："疯师父惹不起！不晓得哪来那么大力气，就像孙悟空一样，一下就把我整来动不了！"

不久，寺院来了一个比悲法师年龄稍大的年轻女子，自称未婚，要出家为尼。几位法师见寺院又要增添年轻人，正满心欢喜，不料疯师父却冷不丁冒出一句："婆婆的饭不好吃，庙子里的饭更不好吃哦。"暗指她已经结婚，有婆家。那女子闻言，立刻面色黯然，眼泪汪汪。不料其他师父却不理会，对那女子说，她是疯子，不要听她的。

果然，不出几天，便有人来庙里寻人。原来那女子确实如疯师父所料，已结婚并有一个一岁多的孩子，只因与婆婆拌嘴而负气离家出走，谎称自己未婚，要出家。眼下婆婆、丈夫带孩子找上门来，经过一番劝解，一家人相互道了歉，冰释前嫌。

悲法师发现，疯师父的疯癫只不过是一个面具，背后却是一双慧眼。正是这个发现，让悲法师决定留下来。

当时，国家宗教政策正在恢复中，许多法规还没有完善，当地政府便委托一个还俗的和尚代管大乘寺。还俗和尚第一次来大乘寺，还没跨进大门，疯师父就像顺风耳般早闻到动静，一面墙似的堵在大门口："还了俗的和尚，退了担的牛，你有啥子资格来说东道西！走开，走开！"对方被数落得抬不起头，只好转身离去。第二次来，又被疯师父堵在门口教训。从那以后，还俗和尚再不敢登大乘寺的门，就连送文件、通知开会等事，都请其他人代为传达。

大乘寺修缮后，香客逐渐多起来，可疯师父依旧选择在厨房里默默无闻地干活。在经过无数磨难的她看来，任何地方都是安身立命之地。对曾经同她斗争过的人，她没有仇恨，没有怨言；对给过她点滴恩惠的人，她始终铭记在心，期予报答。

几年后的一天，疯师父忽然把悲法师叫到自己简陋的卧室里，叫她看得起屋里什么东西就拿走。悲法师不由泪流满面，明白师父将不久于人世，正以特别的方式提前向弟子告别。悲法师说："我什么都不要，只是你走了，我以后懈怠该怎么办？"疯师父说："你不用担心，只要你偷懒，我就会出现，鼓励你在学佛的路上往前走。"

师徒二人正说着话，隔壁另一位法师蹑手蹑脚从门前经过，疯师父叫住她，并让她进来坐在自己身边。这位法师惴惴不安。她有吃零食的嗜好，时不时在房间里嗑瓜子，吃花生，砸核桃，每每被疯师父撞见，就会被说"好吃嘴"，以致她非常害怕疯师父，每次远远看见就急忙躲开。

而眼下，疯师父一改平日的严厉，温和地对她说："我平时骂你是为你好，你不要记恨我。"说罢将别人送的一张新床单转送给她，说是留作纪念。这位法师忍不住哭起来，知道这是疯师父是在向她告别，连说："师父，你不要走，你这一辈子太苦了，以后我每天给你煮一个鸡蛋。""好吃嘴！还是忘不了吃！"疯师父以玩笑驱散离愁。

两天后，疯师父叫悲法师带人到屋里来诵经。她已经显得很虚弱了。念经持续了两天，疯师父最初跟着念，后来只能缓慢转动手上的佛珠。当佛珠从手中滑落，掉在地上时，疯师父安详地合上了双眼。

对于这个曾给她带来过无数痛苦和磨难的世界，她没有任何抱怨和仇恨。对自已仅有的几件家具和衣物，她已在事先做了安排，一一分送各法师和居士。

（三）

悲法师讲述着疯师父的往事时，四周静静的，偶尔从竹叶上落下的露珠，在我恍惚出神之间，带我来回穿梭于时间隧道。

我仿佛看到疯师父疯癫面具下的智慧与透彻，看到一个光明的人格、一个坚强的心灵。

疯师父圆寂后不久，悲法师离开了大乘寺，天南地北四处求学。当书本上艰深的佛理与疯师父的举止交替出现时，她终于明白了佛法的要义。在五台山学习期间，因为不适应北方饮食和寒冷的气候，悲法师几番受胃病困扰。每当她生出懈怠念头时，疯师父的影子总会出现在她的眼前。

"有一天，我跑到海边去玩，游泳冲浪，很开心。我出家前非常喜欢游泳，是学校游泳队的主力队员，那一天我似乎回到当年的游泳队。哪知正玩得起劲，忽然远远看见疯师父迎面走来，我赶紧跑上岸，躲在一块大礁石后面。不想刚蹲下，疯师父已立在我跟前，虽一语不发，却令我万分惭愧。我喊了一声师父，哪知却从梦中惊醒。原来是一场梦！可是真切得不像做梦，空气中似乎还留有她的气息，我熟悉的味道。"

悲法师说，从那以后她再也不敢懈怠，仿佛疯师父一直在她身边，时时督促着她不得偷懒。每当思念师父时，她就会吹竹哨，竹哨声令她感到师父正向她走来。

我与悲法师在萝峰庵"入涅槃门"后点燃三炷香。这一天是疯师父圆寂的日子，我们在祭奠疯师父的同时，也缅怀峨眉山的大德高僧们。

我相信，在西方极乐世界里，他们一定会相逢，那里有峨眉山的清风明月、空谷幽兰，也有翠竹、鸟鸣和竹哨……

峨眉山萝峰庵后的塔林

　　　　　　峨眉山罗峰庵后的化身窑

一个百岁老僧的三次出家经历

"我不会走的，我还要等着吃你给我的鸡蛋糕哎！"

听闻97岁的常真法师不慎在院子里摔倒后，我赶到位于峨眉山麓的伏虎寺去看她。我与她有约：待她百岁生日时，带一个大大的蛋糕去为她祝寿。所以，一见面她就这样幽默地打消了我的担忧。

常真法师俗姓赵，名宗林，峨眉人。9岁那年因母亲病故，到峨眉青龙镇大觉寺出家为尼。

常真法师做出这个决定并非偶然。她的祖父就是一个虔诚的佛教徒，吃斋念佛，为人善良宽容。祖父的潜移默化使常真法师从小就对佛门充满向往，所以当有亲戚表示要收养她时，她毫不犹豫地拒绝了，转而选择了佛门。

大觉寺是一个破旧冷清的小庙，当时的峨眉县境内有九座类似的比丘尼小庙，众比丘尼过着农禅并举的清

采访常真法师

苦生活。常真法师在大觉寺度过了自己的少年时代，出落成一个端庄清秀的比丘尼，古佛青灯、田间劳作就是她每天的生活。

她原以为削发为尼就意味着斩断尘世烦恼，进入清静世界，可她没想到，在近一个世纪的人生中，她经历了两次蓄发又三次削发的变故，而每一次变故都与国家的曲折历史密不可分。

1950年，时代变迁的洪流席卷社会每一个角落，也改变了常真法师平静的生活，她不得不脱去僧衣，蓄上头发，恢复俗名，并进入合作社劳动。外貌变了，但出家人的信念没变。她坚持住在庙里，吃斋念佛，四方乡邻也不为难她，还把她评为合作社的积极分子。

1956年，峨眉山佛教协会成立，将境内九座尼姑庵的21位比丘尼迁往伏虎寺居住。这时，长发过肩的常真法师第二次削发。一同迁往伏虎寺的很多法师都如此，她们说起各自的经历，以及散去道友姐妹的命运，感触颇多，也为能在伏虎寺相聚而欣喜万分。

她们又开始了新的农禅并举的生活，共种植水田五亩三分、菜园三亩、旱地八亩，以后又陆续在大雄宝殿后的山坡上开垦荒地八亩。她们还按要求每年向国家交八头生猪，国家也每月补贴她们每人两元钱生活费。

常真法师的师兄常清法师担任伏虎寺的第一任监院，伏虎寺由此从一座比丘寺院变成比丘尼寺院，峨眉山重新开始有比丘尼住锡。

相对平静的日子刚过了十个年头，"文化大革命"开始了。起初，谁也没料到这场暴风骤雨会有多么猛烈。不容她们冷眼旁观，造反派已冲进佛门，彻底打破了僧尼们的静修生活。僧尼们又被要求还俗、蓄发、脱僧衣、恢复俗名，否则，轻则断绝粮食供应，重则按"坏分子"论处。当时坚持不脱僧衣并住在雷音寺的常真法师被断了口粮，她只能用米糠加老白菜叶、白菜帮子或者野菜充饥。

佛教传入中国已有近两千年的历史，影响上至王公贵族，下至黎民百姓，僧人不成家、不食荤腥、不杀生等基本戒规是妇孺皆知的。僧侣若是触犯了戒规，将受到重罚，并被逐出僧团。可是眼下常真法师却被逼破戒，怎么办？孤独、贫穷、饥饿等无数困难她都挺过来了，但眼下她却陷入绝境，甚至想到死。就在她最绝望的时候，师兄常清法师拉住了她。常清法师献计道："何不来一个假结婚？有夫妻之名，无夫妻之实，就当有一个同参兄弟，彼此关照，相互鼓励。当年唐玄奘去西天取经，经历的九九八十一难中，也有被逼结婚这一难呀！只要把心放下，哪个环境都可以修成正果！"

常真法师心中豁然开朗，坚强地活了下来。她与峨眉山的善行法师组成了"家庭"。善行法师俗名万泽云，四川省夹江县甘江镇人，13岁时父母双亡。收养他的姑妈本来生活就不宽裕，所以难有好脸色给他看。一次，他与姑妈一同去赶场，趁没人注意，他悄悄躲进一片油菜地里，然后偷偷跑到峨眉山求庙里的师父收留，从此成为一名小和尚。

常真法师选择善行法师的重要原因是善行法师患有严重的胃病，身体比较虚弱，需要有人照料。而常真法师自己也因过去在水田里干活被锋利的石片划伤，没及时治疗，落下腿疾。两个同病相怜的法师，在一张结婚证的掩护下留在了峨眉山。他们虽然已被迫蓄发，着普通人服装，使用俗名赵宗林和万泽云，但心里依旧把自己当成出家人，只不过多一份慈悲心去关怀对方。

不久，常真法师被调到九老洞当服务员，负责洗衣做饭，最忙时九个人一天要煮八百斤大米。那时，常真法师每月的工资仅有六元，每年三尺布票。生活清苦，但常真法师清醒坦然，尽管她已被认识或不认识的人唤作"赵孃孃"或者"服务员"。

在自己生存最困难的时候，她也没淡忘慈悲济人的佛家精神。她曾

常真法师曾经住锡的雷音寺

将那些被丢弃的萝卜皮捡起来洗净晒干，切成细条，拌上盐、辣椒，存起来，遇到饥饿和穷困的人，便慷慨相赠。在那个物资匮乏的年代，正规市场上买不到糖，普通人又买不起高价黑市糖，常真法师就用自己可怜的薪水设法买到一点糖精，用它替代白糖。拌入糖精的萝卜皮如甘露一样，点点滴滴甜入人心，人们从中感受到的不是廉价的物质，而是寒冷冬天里温暖的人间真情。

常真法师在九老洞工作九年之后，又被集中在白龙洞、万年寺一带开荒种地。直到云开雾散，国家重新落实宗教政策时，73岁的常真法师与善行法师办理了离婚手续，并第三次削发。在艰难漫长的岁月里，她已被磨砺得坚韧刚强，不再胆怯，也不相信眼泪，可再次穿上僧衣时，她忍不住流泪了。

她是为宗教来到峨眉山的，可是如今已有了超越宗教的感受。常真法师在苦难中明白了，出世和入世是相对的，没有超越世间的空中楼阁，也没有可以避世的人间净土，个人的命运是和国家连在一起的。常真法师不埋怨任何人，只当是修行途上的考验，也当是以苦行积福，她体会到：只要心中有佛，处处都是道场。

接下来，她做出一个令人惊讶的决定：恢复废弃的中峰寺。当她带着两个考察生来到中峰寺时，眼前的情景不禁让她们惊呆了。这座曾经被誉为山中六大古寺，高僧辈出、禅风最盛的寺院，如今杂草丛生，殿堂内佛像倒塌，瓦砾满地。大雄宝殿被人改搭成两层，上为鸡舍，下是牛圈，臭气熏天，污浊不堪。烟熏火燎毁坏了原有的壁画和灵幡宝盖，往昔的一切荡然无存，连稍好一点的石碑、石块也被人尽数撬走，用于建屋、铺路或修猪圈。人们常以"家徒四壁"形容穷困，可是这时的中峰寺连能遮风挡雨的"壁"也已不全，仅剩布满苔藓和杂草的残垣断壁。

常真法师一行捡来一些树枝、砖头，在空敞的殿堂地面铺开自己单薄的被褥。风雨肆虐，蚊蝇侵扰，蛇鼠出没，她们白手起家，一切从零开始。没有锅，没有灶，甚至连一只缺口碗、一双旧筷子也没有，以致最初她们不得不到附近的中药学校食堂去买饭。有时如果去得稍晚，或者那天食堂打牙祭吃肉，她们就只有忍饥挨饿。每天天不见亮，常真法师就开始一背篓一背篓往外运垃圾瓦砾，仅清理大雄宝殿内的鸡屎牛粪就花了近两个月的时间，其间的辛劳和艰苦一言难尽。后来常真法师向佛教协会借了两千元钱，买回法器、一千斤大米、一千块蜂窝煤，以及一点菜油和生活必需品。

荒凉的中峰寺终于再次响起暮鼓晨钟、梵音经声，千年老树又一次绽放出新芽，迎来生命中又一个春天。

不久，四位峨眉山高僧——通孝法师、韦清法师、善行法师、善全法师一同来到中峰寺。他们的年龄都在七十以上，额头和眼角的皱纹记录了他们人生的坎坷与沧桑，也练就了他们从容不迫、豁达大度的胸怀。他们身披袈裟，在简陋的大雄宝殿里举行了一个简朴而又庄重的仪式，把中峰寺正式交给常真法师住持。这座由道观变为佛殿的寺院，这座有一千多年历史的庙宇，在经历无数坎坷之后获得重生。

1991年除夕，80岁的善行法师在报国寺结跏趺坐三天后安详圆寂，他事前安排好了一切，使身边的人没有半点慌乱。常真法师告诉我，善行法师是一个好人，正如他的名字，一生慈悲行善。这个评价朴实而又中肯，远比那些洋洋洒洒、辞藻华丽的祭文更打动人。

中峰寺被设为峨眉山佛学院男众班后，常真法师又回到伏虎寺。伏虎寺是她生命的转折点，她对寺中的一草一木了如指掌，充满情感。有一次聊天中，她向我唱起一段峨眉山民谣：

报国寺的谷子，

伏虎寺的竹子，

洪椿坪的蜂子，

九老洞的掟子，

洗象池的猴子，

金顶上的银子，

…………

唱罢，她解释道：

过去报国寺田产较多，每年收租能收到多达几百石的黄谷，所以颇有些惹人眼红，曾遭到土匪打劫。

伏虎寺内原有12个天井，从山门到大雄殿、财神殿、送子殿，直至罗汉堂，廊腰缦回，两旁绿荫掩映，翠竹森森。

洪椿坪四周山花烂漫，野蜂成群，和尚们做了许多蜂箱安放在山间，每年要收获大量野蜂蜜。

拳头，峨眉方言称"捵子"。九老洞和尚善武术，加上所处地势居高临下，易守难攻，多次打得土匪丢盔卸甲，狼狈逃窜，最终不敢冒犯，九老洞的"捵子"由此而来。

洗象池猴子成群，经常拦路向行人索食，成为峨眉山一道妙趣横生的风景线。

金顶是峨眉山顶峰，到此朝拜的游人信徒大都要捐献供奉，据说金顶上的寺庙收入颇丰。

常真法师有令人惊讶的记忆力，清晰地记得身边发生的许多事。其中一些看似不起眼的琐碎小事，一些大约永远不可能载入方志的事，却是峨眉山最真实、最动人的历史。

她说，过去峨眉山，尤其是二峨山，盗匪出没，打劫、绑票的事时有

峨眉山洗象池

发生。20世纪30年代的某一个夏日，她亲眼看见土匪头子汪三麻子率上百号人马，手拿扎着红布条的梭镖、大刀，光天化日之下吆喝着到报国寺抢劫。傍晚，那些土匪肩挑手提，满载而归，有的甚至头上顶着被褥，怀里揣着铜盆，连新一点的棉衣棉裤也尽数掠走。沿途的百姓无人敢声张阻拦，任土匪嚣张而来，招摇而去。那是个有枪就是草头王的年代，身处佛门也难有安宁。

如今，20世纪50年代与她一同到伏虎寺的比丘尼道友，都已经先后圆寂。不仅如此，曾教过她武术的海灯法师，向她讲解过佛经的隆莲法师、遍能法师，以及许多让她获益匪浅的峨眉山高僧也先后往生西方净土，而她依然精神饱满，思维清晰。她风趣的谈吐常能让我消除拘束，抛却顾虑，与她如同辈人一样随心所欲地聊天，轻松自如地沟通。

我曾多次问她同样的问题："来世你还会出家吗？"常真法师不假思索地回答："会的，肯定会！"

常真法师十分珍惜现在的生活，97岁高龄之时，她仍然坚持每天早晚念佛，每周有两天过午不食。她居住的小屋门上有一张小纸条，上面写着"念佛时间，请勿打扰"，她每当念佛时，就会关闭房门，以免有人打扰。除了自己念佛之外，她还时常观听其他年轻法师讲经说法，谦虚好学，虚怀若谷，不因年长而变得故步自封、墨守成规。

常真法师常念叨："眼下我还能自己动，但佛教协会就安排一个居士来照顾我的生活，这是共产党的恩德！"言语中流露出发自内心的真诚感激之情。

我接触过一些经历坎坷的人，他们中有一小部分要么性格扭曲、偏激狭隘，要么满腹牢骚、愤世嫉俗，还有的臆想纷扰、疑神疑鬼。这些人经常拿别人折磨自己，也拿自己折磨别人。而常真法师坦然地走过来，淡定地走下去，我想，是因为她有信仰的支撑，惠通、茂真、继

常真法师讲述往事

业、别峰、贯之、别传等峨眉山高僧都是她力量的源泉。她也用自己的行为给后人做了一个表率，她的胸中跳动着一颗积福、惜福、感恩的心。

转眼，又一年过去了，按照四川乡间为老人祝寿"祝九不祝十"的习俗，我和几个朋友为常真法师准备了一个很大的生日蛋糕，她的弟子们与她一同诵经。那一天，老法师非常开心，笑容中洋溢着孩童般的纯真。

2016年3月21日，常真法师在伏虎寺安详圆寂，世寿九十九。

常真法师荼毗那日，我在峨眉山萝峰庵见到她最后一位俗家弟子，是一位颇有气度的中年男子。他与常真法师的缘分颇为有趣：

峨眉山常真法师百岁生日

有一年，他前来峨眉山，跨进伏虎寺大门，见一位慈祥清净的老僧正拄着拐杖站在高高的石阶上，"离垢园"三个大字不偏不倚横在老僧的头上。他不由浑身一个激灵：这不是他四处寻觅的法师吗？于是他急匆匆跑上去恳请拜师。这位老僧正是常真法师，这是她腿摔伤后第一次跨出房门。常真法师称自己岁数大了，精力不够，准备给他推荐另外的法师解惑答疑。可是，中年男子说："您什么话都无须说，我就能感受到您身上慈悲善良的力量，这远比那些善于讲经说法的人更具感染力。"

我觉得这是对常真法师最恰如其分的评价。

一个和尚的壮丁生涯

2012年5月1日，成都至西昌的高速公路全线贯通。据说，这一天有十万辆以上的汽车行驶在这条穿过大小凉山的路上，热闹非凡。而这一天，我却登上人烟稀少、浓雾弥漫、海拔2800米的蓑衣岭。

这里曾经是由乐山去西昌的必经之路，开凿于抗日战争最艰苦的时期，是乐西（乐山—西昌）公路上的咽喉，也是最险要的山峰，位于乐山市金口河区境内。由于终年云雾弥漫，雨水不断，行人翻越这道山岭，必备蓑衣、斗笠等雨具，这里因而得名"蓑衣岭"。如今乐西公路年久失修，路况极差，如果不是四轮驱动的越野车，很难从这里通过。

七十多年前，这里发生了一件惊心动魄、悲壮惨烈的事。

站在这里，我不由得再次想起被抓了壮丁的永诵老和尚。几年前在万年寺采访他时，谈起这段久远的经历，他依旧感慨万千。

"壮丁"这个词今天或许令不少人陌生，它本是指年轻力壮的男子。历史上，国民党地方政府和军队曾强征壮丁充军，称为"抓壮丁"。

永诵生于1913年，四川遂宁人，俗姓张，名银山。1938年于金顶华藏寺礼果玲法师剃度出家。出家后不久，在下山背粮食时，被国民党抓了壮丁，押去修筑乐西公路。当时国民党在乐山、西昌等地总共征集了二十多万民工。

"我说我是金顶的和尚，和尚是不当兵的，可是他们根本不管，见

采访永诵老和尚

我要跑，就拿绳子把我捆起来。"老和尚说。当时修路十分艰苦，尤其是修蓑衣岭一段，在那里干活，浑身上下整天都湿漉漉的，又冷又饿，人瘦得皮包骨头，如一具骷髅，好些人生病无法医治，一个接一个地死去。有的头一天晚上还在茅草棚里挨着大家睡，第二天早上就已经僵硬了，脸色又青又黄，大张着嘴巴，瞪着眼，吓得人毛骨悚然。

除此之外，他们还时常遭遇地方民团、土匪的武装袭击。一天，他所在的连队在施工中被一股土匪包围，土匪凭借山顶洞穴易守难攻的地势向他们射击。战斗打了整整一天，死伤很惨重，他们连只剩下二十多人。最后连长打红了眼，大声吼道："弟兄们冲啊，洞里全是金银财宝，打死他们大家平分！"

乐山至西昌相距五百多公里，古有蜿蜒的驿道，各县间亦有小路相连，但自明末以来，尤其是清朝中期航运日渐发达后，这条马帮驮夫行走的山间驿道便衰落了。加之常有山洪、泥石流侵扰，或遇地震、塌方袭击，此路逐渐梗阻荒弃，最后沦为蚕丛鸟道。这一带属于彝区，物产匮乏，人烟稀少，荒僻闭塞，与外界隔绝而不通往来，甚至被人称为"独立倮倮"。

　　清末，一个名叫布鲁克的英国人进入这一带探险，被当地人所俘，部落首领见他外貌怪异，遂问："你从哪里来？"布鲁克在北京聘了一个翻译，到成都又聘一个懂四川话的人，进入凉山后再聘一个懂土语的人。他的回答经过三次翻译后意思都变了。布鲁克答："大不列颠帝国。"北京翻译直译："英国。"四川翻译心想，当地人长年不与外界往来，哪知英国是何物，于是意译："很远很远的地方。"凉山翻译此时已经吓得有些发晕，连蒙带猜地翻译："从天边来。"部落首领一听，心里犯嘀咕了，忙找巫师前来问询，巫师一番问卦占卜后说："此人是来偷我们月亮的贼人。"

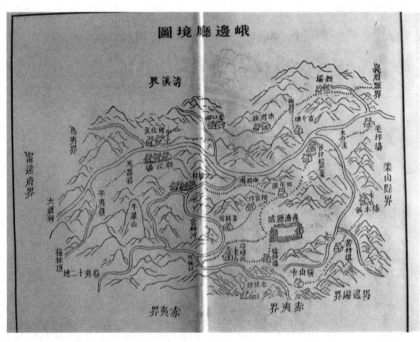

清末峨边地图

这还了得？！月亮是土人心中的神，岂容他人染指！首领顿时怒气冲天，布鲁克成了土人的刀下鬼。此事险些酿成中英外交纠纷，使后来不少人望而却步，再不敢进入凉山腹地。

1935年，蒋介石在峨眉山下创办军官培训团时就萌发了修筑乐西公路的想法。当时从四川去云南须绕道贵州，路途遥远，极为不便，若能打通乐山到西昌的道路，则大大缩短行程，方便快捷。但乐山至西昌一带地质情况复杂，施工难度太大，筑路计划搁浅。直到1938年，抗战形势日趋严峻，交通干线受阻，不得不将修筑乐西公路重新提上议程。与此同时，蒋介石还提出，若日军继续进攻，陪都重庆保不住，则拟迁都西昌，为此，还成立了委员长西昌行辕。

修筑乐西公路迫在眉睫，蒋介石对此极为重视，下令若不在1940年年底修通乐西公路，将以贻误军机论处。留学美国康乃尔大学的高才生赵祖康临危受命，担任筑路总指挥。

修筑乐西公路的艰难程度是难以想象的，赵祖康在后来的回忆中写道，在他的筑路生涯中，西兰路（西安至兰州）、西汉路（西安至汉中）、乐西路堪称人生炼狱，其中尤以乐西路为甚，让他备受煎熬，险些丧命，还惹下牢狱之灾。

乐西公路第一期工程完成后，国民党行政院组织了一个以参事王家桢为首的考察团。1941年7月，考察团从乐山出发，哪知刚走到富林（今雅安市汉源县境内），忽然遇到山洪暴发，桥梁损毁，道路垮塌，一行人被困九天，寸步难行。事后有人诬告赵祖康贪污修路款，偷工减料，致使道路质量不达标。蒋介石闻言大怒，立刻下令组成专案调查组。赵祖康蒙冤受屈，病重咳血，险些丧命。最后调查证明赵祖康清白，蒋介石特地拨出一万元，用于赵祖康调养身体，补充营养，并派宋子文专程前去看望。

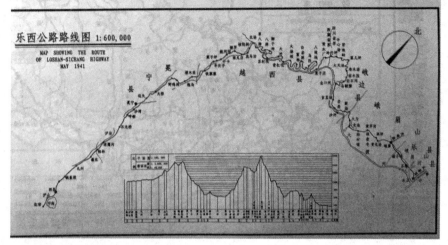

乐西公路路线图

　　西昌当时属军阀刘文辉管辖，可大小凉山山重水复，道路阻隔，一些部落或各自为政，或占山为王，时常发生械斗，很多时候刘文辉也无可奈何，只能听之任之。加上刘文辉又与蒋介石矛盾重重，故乐西公路的修筑，除川、康两省政府，行政专员公署，成都、西昌两个行辕插手外，还设了川省民工管理处、康境民工管理处、夷民筑路司令部、南段督修司令部、北段督修司令部、西昌行辕政治部边民筑路队政治指导员办公室等18个冗繁的管理机构。正所谓"虱多不痒，账多不愁"，冗官冗员，重重叠叠，相互推诿，办事拖拉。不但有那些中饱私囊之徒蚕食鲸吞、贪污克扣筑路经费，使筑路工程雪上加霜，还有中央军与地方部队的争斗，特务渗透，地方恶霸逞凶，各个势力挑拨离间，造谣生事，弄得人心惶惶，不得安宁。

　　由于战事紧急，乐西公路在准备尚不充分的情况下匆匆开工，更增加了施工的难度。副总工程师张佐周在回忆录中写道：

奉命于抢修之际，受任于西康之间，深入所谓不毛之地……政令不及，崔苻遍地，"司令"称王，杀生颐指，毒贩集队，扬长过市。白天帮会横行，杀人越货。夜间狼嚎墙外，焚尸而食。身处虎狼之乡，幸存于恶霸特务之间，至今思之，不寒而栗……

最凄惨、最可怜的是那些被征集来的民工和被抓去充军的壮丁，他们整日衣衫褴褛，食不果腹，疾疫相侵，瘴岚为灾，弄得七分像鬼，三分是人。不少人或染病而亡，或跌落悬崖，或死于炮火。

永诵老和尚被抓走三年半后终于逃回了峨眉山，这时乐西公路已全线开通。他说是普贤菩萨保佑他死里逃生。他当时心里有一个坚定的念头："无论如何一定要返回峨眉山！一定要回到普贤菩萨的身边！"若不是信仰的支撑，若不是有坚强的毅力，也许他早客死异乡，暴尸荒野。

金口河蓑衣岭残存的乐西公路　　当年修筑乐西公路时使用的石碾子

有一个与他经历相似的乐山籍壮丁就没有他幸运,逃到半途被土人抓去当了奴隶。他不堪忍受,几次逃跑,都被抓回去,遭到毒打。最后奴隶主在他的锁骨上打上铁环,再穿上铁链,把他拴在木桩上干活。直到20世纪80年代初第一次人口普查时,这名乐山籍壮丁才战战兢兢地道出自己的真实身份和不堪回首的往事。他和一个山里女人生了一大堆孩子,他的神情举止已与当地人不相上下。所不同的是,他的锁骨上至今还留着一个手腕大小的铁环,长在肉中无法去除。他思念家乡,却又无颜返回,好不容易鼓起勇气央人写信回乡打听,才知道父母、哥哥、姐姐都已不在人世。他伤心地大哭一场,然后做了几块木牌,刻上亲人的名字扔进河里,为他们祈祷,从此不再想走出大山。

1941年1月,乐西公路经历时三年多的修筑后终于通车了。赵祖康写下了"蓝褛开疆"四个大字,刻成石碑留在海拔2800多米的蓑衣岭上,以纪念二十多万开路民工。这些普通民工在被征集筑路前大多数是乡间的青年,老百姓的儿子,淳朴、贫穷、吃苦耐劳,也许还有一些无知和

蓑衣岭上"蓝褛开疆"与"蓑衣岭"石碑

愚昧。但正是他们支撑起了这个国家，他们以血肉之躯将蚕丛鸟道变为康庄之途，为抗日战争的胜利做出了贡献。

1946年，赵祖康因主持修筑滇缅公路获美国总统杜鲁门授予的自由勋章。受中美两国关系影响，直到1984年，美国政府才举行了一次特殊授勋典礼，把勋章授予赵祖康。赵祖康由于身体原因未到场，勋章由他人转交。赵祖康收到后，又将勋章转交给中国人民革命军事博物馆。1995年，赵祖康走完了自己的95个春秋，获誉"中国公路泰斗"。

在抗日战争最艰苦的岁月，在横贯南北的平汉铁路、粤汉铁路以及对外联系的粤港交通遭日军封锁后，乐西公路成为我国唯一通向国际的陆上通道。源源不断的抗战物资通过滇缅公路进入云南，再从云南祥云，四川西昌、乐山，转运到全国各地。

筑路的"蓝缕"中，除了总指挥长赵祖康，还有许多普通而又传奇的人物，如峨眉山永诵老和尚。峨眉山一位法师告诉我，他初到峨眉山出家时最难适应的是每天早上四点就要起床早课。他因此感到整日头昏脑涨，心烦气躁，常找借口偷懒，想多睡一会。一天清晨上殿早课前，他无意间看到永诵老和尚在林中习武，当时老和尚已经七十多岁，却将一根缠着红布条的齐眉棍舞得虎虎生风，出神入化。人们常以闻鸡起舞形容勤奋，然而莫道君行早，更有早行人，老和尚每天都在众僧的酣睡中起床习武。后来，这位法师出于好奇，偷偷去拿老和尚的齐眉棍，想舞弄一下，不料却是根沉甸甸的铁棍，提着都感到吃力，更别说挥舞。

永诵老和尚

这件事给他很大的震动，令他感到无地自容，羞愧难当。从此，他奋发努力，不敢有丝毫松懈。

永诵老和尚晚年一直住在万年寺。他的听力大大下降，年轻时落下的风湿病也让他行动不便，但是他依旧坚持走动，尤其是在牡丹花、玉兰花开的时节，他常会在花前伫立很久。

我曾问永诵老和尚："出家修行几十年，最深的感悟是什么？"他说峨眉山是普贤菩萨的道场，普贤菩萨苦行为先，他当一个行脚僧人是菩萨对他的考验，他无怨无悔。

我想，若没经历坎坷的人生，他怎能悟透生命的真谛，又怎能有今日的淡定从容，笑看堂前花开花落？一个有信念的人，一个有毅力的人，才可能逢凶化吉，遇难呈祥。命运掌握在自己手中，机遇留给勤奋的人，修筑乐西公路的经历是他人生中的磨难，也是他人生中的财富。

2010年5月，永诵老和尚带着安详的微笑走完了97年的人生旅途。

永诵老和尚与赵祖康，两位背景完全不同的世纪老人，共同经历了修筑乐西公路的磨难，是乐西公路上的标志之一。如今蓑衣岭上赵祖康题写的"蓝褛开疆"，以及第十七工段长王仁轩书写的"蓑衣岭"石碑还在，但是乐西公路上已极少有车辆往来。自从沿金口河大峡谷到汉源的公路开通后，两地距离也大大缩短，更重要的是免除了翻山越岭之苦。

乐西公路的险峻并不在狭窄，也不在弯曲，而在陡峭。这也许是应当时工程进度要求，也许是由于地质条件限制，还可能受科技水平所限。因为陡峭，下坡时有坠落失重的感觉；因为陡峭，油耗比平时多了一倍以上。

我在山上遇到三个护路女工，正在往被载重大货车压出的一道道深坑里填石块，附近一座小磷矿雇用她们护路，因为运送矿石的货车要经过这条路到乌斯河。这是蓑衣岭仅存的运输量，如果不是残留的石碑及路标，这条曾经的要道已经与山区的乡道、村道相差无几，七十多年前曾经紧张繁忙的景象早已经消失在历史的烽烟里，只留下默默无声的"蓝褛开疆"石碑见证着这一切。

我在石碑前看到一小堆燃烧后的灰烬，也许是为祭奠亡灵，也许是为祭奠乐西公路这个即将消失的文明。我在心里默默为蓑衣岭点燃了一炷香。当年筑路死去的民工大多数无法葬回故乡，只能就地掩埋，早化作山间的泥土与茅草，石块和树木，与乐西公路融为一体。

愿他们安息！

秋之菩提

秋天的菩提树叶五彩缤纷，它用最绚丽的色彩展示生命的瑰丽。秋天，菩提树叶飘落，是为了孕育春天的新芽。

许多年前的一个初春，我如约去峨眉山白龙洞采访宽清法师，当时他已79岁，是山上为数不多的健在老僧之一。听说他虽然早已双目失明，但却有惊人的记忆力和洞察力，他经历坎坷，命运多舛，熟知峨眉山许多不为人知的往事。

我刚走到半道，大雨忽至，刚才还熙来攘往的路上顿时没了人迹，蜿蜒的山路也因此变得宁静而纯美。

白龙洞是一座小庙，也曾叫白龙寺，位于清音阁与万年寺之间，四周是古木参天、郁郁葱葱的"古德林"，坡下流水潺潺，清音随风而

峨眉山白龙洞，原名白龙寺，创建于明嘉靖年间，原有洞，洞内崖壁上刻有"白龙洞"三字，相传是白娘子修行之地

至。相传《白蛇传》中的白蛇正是从这里去了杭州西湖，演绎出一段家喻户晓、缠绵悱恻的爱情故事。过去，白龙洞上行不远还有一个更小的寺院，名金龙寺，传说原叫青龙洞，寺后有洞与白龙洞相通，可如今早已旧迹难寻。

我到达白龙洞时，全身几乎被雨水湿透了，宽清法师没顾得上寒暄客套，转身从桌下拖出电烤炉，让我赶紧脱下鞋袜烤干。我犹豫不决，担心有失礼节。哪知宽清法师一下洞悉我的内心，开口道："不要客气，山上潮湿，春寒伤骨，小心着凉了。"

热茶烤炉，简陋的小屋里暖意浓浓，窗外雨声淅沥，《大悲咒》的低吟浅唱随风时远时近，给整个山谷带来一种红尘不到的清新气韵。

宽清法师俗名辜祥明，四川乐山市辜李坝人。1925年他11岁那年，抽鸦片的父亲耗空了家产，无法维持生计，不得不将他送到位于峨眉山顶的卧云庵出家为僧，师从果琳和尚。

宽清法师在峨眉山金顶一呆就是四十多年，除每日的早晚功课外，大部分时间都在制作雪魔芋。

1935年，峨眉山金顶卧云庵

雪魔芋不但是峨眉山冬季缺菜以及大雪封山、运输艰难时寺院的主要副食，也是维持寺院生活的经济来源之一，很多游客到峨眉山金顶后都要买一些雪魔芋，带回家分送亲朋好友。宽清正是由于长年在雪地里劳作，患雪盲没及时治疗而双目失明的。

采访宽清法师

　　我问他过去手工做的雪魔芋与如今机器做的雪魔芋有什么区别。宽清法师答："手工，其实是用心，用诚心来做。师父们常用雪魔芋给那些跋山涉水、不远万里来的善男信女结缘，所以不需要像生意人那样算成本、求利润，而是诚心诚意，希望借此给他们种下善根。"

　　20世纪60年代，宽清法师与峨眉山许多出家人被集中在白龙洞一带开荒种地。因为眼盲的原因，宽清法师被安排去养猪，每天切猪草、煮猪食。在一个完全陌生的环境、一个毫不了解的行当中，他不知吃了多少苦头，摔过多少跟头。然而说起这些往事，他却无怨无悔，波澜不惊。

　　宽清法师出家前只上过两年私塾，出家后果琳师父对他要求很严，若有过错，轻则罚跪，重则挨打，成年后他才体会到师父的良苦用心。果琳师父早逝，三十多岁就离开了人世，但师父的教诲宽清法师却深深铭记在心。

以后宽清又在报国寺方丈果玲任院长的佛学院学习了一年，当时学员有三十多人，大家都很珍惜这来之不易的机会。宽清法师认为，穿上僧衣并不意味着就是一个真正的出家人，若不刻苦学习修行，只能算"米饭僧""应酬和尚"，是佛门的悲哀！

离开白龙洞后，我时常回想起宽清法师讲述的往事，其中有位曾经当过将军的霞光老和尚尤其让人难以释怀，他是在同治年间因镇压贵州苗民起事顿悟生命无常而出家的。于是我开始查阅与他有关的清代贵州苗民起义的资料，试图寻找他的踪迹。

贵州是苗族聚居地，历史上长期与统治者矛盾尖锐。清朝咸丰五年（公元1855年）春，贵州东部台拱厅（今台江）苗民要求减免新加的赋税，遭清政府拒绝。被激怒的苗民索性要求官府永免征收，并将汉族地主拥有的田宅分给贫苦苗民。地主企图组织团练予以镇压，双方展开激烈的争斗。不久，苗民便在台拱西部集会，举行起义大会，推张秀眉为"大元帅"。

两年后，起义军迅速发展到几十万人，陆续占领台拱、凯里、黄平等几十个州县，建立起以台拱为中心的黔东南根据地，并在辖区设官职，没收官府和地主财产。同治九年（公元1870年），湘军首领席宝田再次奉命率大军围剿苗民，张秀眉被俘殉难，长达17年的苗民起义以惨败告终。

以后我又在郭沫若《芭蕉花》一文中读到他对那段历史的描述：

　　我的母亲六十六年前是生在贵州省黄平州的。我的外祖父杜琢章公是当时黄平州的州官。到任不久，便遇到苗民起事，致使城池失守，外祖父手刃了四岁的四姨，在公堂上自尽了。外祖母和七岁的三姨跳进州署的池子里殉了节，所用的男工女婢也大都殉难了。

我们的母亲那时才满一岁，刘奶妈把我们的母亲背着已经跳进了池子，但又逃了出来。在途中遇着过两次匪难，第一次被劫去了金银首饰，第二次被劫去了身上的衣服。忠义的刘奶妈在农人家里讨了些稻草来遮身，仍然背着母亲逃难。逃到后来遇着赴援的官军才得了解救。最初流到贵州省城，其次又流到云南省城，倚人庐下，受了种种的虐待，但是忠义的刘奶妈始终是保护着我们的母亲。直到母亲满了四岁，大舅赴黄平收尸，便道往云南，才把母亲和刘奶妈带回了四川。

……我们的祖宗正是在清初时分入了四川的，卜居在峨眉山下一个小小的村里……

郭沫若的家乡是乐山市辖下的沙湾区，他的故居如今已对外开放，供游人参观。郭沫若的外祖父从峨眉山去贵州做官，而镇压苗民起义的李将军又从贵州到峨眉山出家。因缘有时就是如此阴差阳错，不可思议。

记得那天与宽清法师告别时，我说我会再去拜访他。宽清法师并没有说欢迎再来之类的客套话，而是自言自语地讲："这些天总是感到有人在与我讲话，有我的师父、师爷以及那位霞光法师，还有我的父母等。"我下山后将这话告诉一位法师，法师微微一愣，说："老和尚恐怕要离开我们了。"

果然，时隔不久，我接到宽清法师圆寂的消息，说他走得很安详，就如一片秋天的菩提树叶，随风轻轻飘落。一片菩提树叶，浓缩了他近八十年的人生。难过之余，我也为自己没有及时再去记录他讲述的峨眉山往事而深深遗憾。

几年过去了，一天，一位峨眉山的朋友来访，说起了峨眉山最近发生的一件奇事：山顶重建，挖地基时，掘出许多用铜、铁、木等材料雕刻的人像，这些雕刻神态各异、服饰不同、大小不等，有的精工细作，有的粗糙不堪，不过每个雕像上面都刻有人名。我知道过去一些人由于各种原因不能来峨眉山，于是托亲人、朋友带上自己的雕像作为替身前去，代为许下内心的祈福消灾的愿望。

我正出神地乱想着，朋友的一句话让我大吃一惊，他说一个民工在掘土时发现了一块银质免死牌，上面刻有铭文……我不由联想起那位原是将军的霞光法师，立刻让朋友赶快去找那位民工，因为那很可能就是霞光法师留下的那块免死牌。可是待朋友回去找那位民工时，民工却踪影全无，不知去向。

我又一次想起宽清法师，想起那些离我们远去的高僧大德，其实他们并没有走远，他们依旧在峨眉山。每年我都会在不同的季节去登峨眉山，尤其是当秋天层林尽染时，从高山之巅洒下的阳光明澈而又悠远，温暖而又慈祥，总让我想起金色的菩提树叶，带给人无尽的眷恋和遐想，仿佛峨眉山的喃喃细语。

一段奇特而真实的往事①

（一）缘起

2011年8月的一天，我接到一位陌生女士从北京打来的电话，她语气急促，言辞恳切，想请我帮她辨识其父孙明经1938年在峨眉山、乐山拍摄的老照片。她从《四川佛教》杂志执行主编王荣益先生那里打听到我，希望能得到帮助。对一个教授英美文学、戏剧，于佛教十分陌生，又远在北方的人来讲，湮没在历史烽烟中的峨眉山往事的确费解。

这个电话拉开了峨眉山一段奇特而真实的往事的序幕。

这位女士叫孙建秋，时年72岁，退休前是北京对外经济贸易大学英语学院的教授。其父孙明经是我国著名电影先驱、摄影家，于20世纪三四十年代拍摄了许多影片，50年代初从南京金陵大学到北京电影学院任教，因为经历坎坷，直到1992年去世都极少向子女提到自己早年的事。他当年行走各地留下的考察照片与笔记，均在"文化大革命"时被焚毁或散佚。

1980年9月，北京电影学院后勤处干部赵永生在朱辛庄校园遇到孙明经长子孙建三，说："'四人帮'被抓后不久，工宣队匆匆撤离，临走的夜里，将全部材料连夜在大操场上烧毁。第二天，我去收拾工宣队原来存放材料的房间，看到屋内空空，仅门后边堆着三个麻袋，三个麻袋口都用白布条拴着，每个布条上都写着'孙明经材料'五个字。我就把麻袋归到杂物库房里去了，现在电影学院要给农学院腾房子，你问问你爸爸麻袋里的东西还要不要，要是不要了，我就当废品处理了。"孙建三赶紧随着赵永生到库房，打开麻袋一看，全部是孙明经过去拍摄的相片底片和教学授课用的幻灯片，麻袋下半截已经因为暖气漏水沤烂了。孙建三将三个半截麻袋里的底片和幻灯片拿回家里。时年69岁的孙明经看到这些，顿时泪流满面。

孙建三试着将一些照片冲印出来，其中保存得比较完整的是孙明经1939年在西康、1938年在自贡拍的照片。而1938年在峨眉山、乐山、重庆等地拍摄的照片底片和记录的笔记，直到2011年才找到，那时孙明经已经不在人世了。

孙建秋与二弟开始整理峨眉山、乐山、重庆等地的底片和文字，把其中一些底片扫描放大，想看清照片上的文字，并试图配合笔记弄清照片背后的故事，可是常常一筹莫展，因为笔记除字迹潦草外，还充满化学符号和工业名词。而这时贵州民族学院正承办"中国高教学会影视年会暨孙明经电影教育学术研讨会"，欲纪念孙明经一百周年诞辰。

电话交谈中，孙建秋老师提到故宫文物南迁峨眉山、大佛寺中的千手观音塑像、峨眉山军官训练团等照片，令我大为吃惊，因为这些遗迹在峨眉山早已荡然无存，也没有留下任何影像资料，那些影响重大的历史事件如同烟云一般消散。

从第二天起，孙建秋老师几乎每天从邮箱发照片来。一个多月的邮件往来，让我对她父亲有了更多的了解。孙明经先生1911年出生于南京一个富庶的书香门第，故从小就能接触当时十分奢侈的照相机。他对此产生了浓厚的兴趣，由"玩"而成为一代大家。他一生行走了很多地方，其中行程超过万里的拍摄经历有四次：第一次是1937年，从华东至西北；第二次是1938年至1939年，到四川、西康；第三次是1940年至1941年，在美国；第四次是1942年至1945年到云、贵、川。这四次，除摄制电影外，孙明经还拍摄了数以万计的照片，详细地记录了中国20世纪三四十年代的人文历史和百姓

洗象池小沙弥

生活。教育家蔡元培感慨称："孙明经是用影像记录历史的当代徐霞客！""文化大革命"结束后，孙明经回到北京电影学院的讲台上。他的很多学生现在都已成为电影界、摄影界、教育界的中坚力量，如张艺谋，顾长卫等。

通过与孙建秋老师的一次次邮件往来，峨眉山往事如电影一般在眼前展开，让人激动而又心酸，高兴而又难过，感慨万千。尽管照片有不同程度的损坏，但仍然非常珍贵。在那些照片中，有几张特别值得一提，因为背后有许多不为人知的故事。

（二）从城门到布金林

第一组是两张峨眉旧城的老照片，一张是东城门，一张是中正门。照片中有瓦房、石板街、城墙，还有背筐挑担穿长衫的人，西南古老小城的韵味扑面而来。东城门上方写着"实行新生活复兴中华民族" 标语，左侧有几个更大的字："抗日救国"。

地处西南腹地的峨眉山原本是宁静安详的佛教圣地，然而从1935年

峨眉老城门之一——东城门

峨眉县城老城门之一——中正门

起，这里逐渐聚集起许多军人。最初是蒋介石以国民军事委员会的名义在峨眉山举办了三期军官训练团，调集了四川、西康、云南、贵州等省营以上军官和部分县级政教人员，共计4003人，进行短期培训，地址就设在报国寺周围。为了修筑营房，征集了很多民工，还砍伐周围树木。很多年前，我在峨眉山采访时听说过这样一件事。当时一个法名叫胜瑞的和尚，见报国寺至伏虎寺一带珍贵布金林被砍，气得上前阻拦，说布金林是峨眉山的几大树林之一，依照佛经一字一株而植，明清两代皇帝都曾下令不得砍伐云云。可是那些军人并不把胜瑞放在眼里，仍然我行我素。胜瑞见拦不住，就闯到蒋介石官邸，声称要向总统告状。可是蒋介石的官邸守卫森严，平时连高级官员要进去都不易，何况一个普通和尚。胜瑞受到阻拦，也不吵闹，就地盘腿趺坐，卫兵无可奈何，两小时以后，见胜瑞还是一副稳坐如泰山，不达目的誓不罢休的模样，只好进去向蒋介石通报。蒋介石终于被这个倔强而又大胆的和尚打动，下令不得砍树，以竹子代替树木，修建营地。

布金林凝聚了峨眉山几代僧人的心血，正是他们以生命为代价保护布金林，才使其免遭厄运。20世纪60年代，红卫兵也带了斧头、锯子，准备砍伐布金林，当时伏虎寺住持常清法师双手紧紧抱住树干说："要砍树先把我砍死！"她虽然身材瘦削，又已经六十出头，但胸中迸发出的豪气却震慑了一群年轻力壮的小伙子。我曾问她害不害怕，她说根本来不及想怕不怕的事，听说有人来砍林子，冲出庙来就上前阻拦了。

（三）从军人到僧人

第二组是峨眉山僧人普超法师的照片。

普超法师35岁留影

普超法师与孙明经等人合影（右一为孙明经）

　　1938年，峨眉山再次聚集了许多军人，一是因为抗日战争全面爆发，一部分故宫文物转移到峨眉山，城中的大佛寺被临时征用作存放文物的地点；二是横贯南北的平汉铁路、粤汉铁路以及对外联系的粤港交通遭日军封锁，蒋介石决定修筑乐山至西昌的公路，以便连接滇缅公路，打通国际通道，因此从乐山周边各县征集了24万民工。

　　筹划修筑滇缅公路最初遭遇缅甸方面的拒绝，其中原因复杂，但表面却以佛教认为开路会伤及许多生灵为由。缅甸是一个全民信仰佛教的国家，这个借口让中方感到为难，谈判一时陷入僵局。这时，正在报国寺闭关的方丈圣钦秘密前往缅甸，救助众生，行菩萨之道。经过苦口婆心的劝说，在各方面的共同努力下，缅方最终点头同意。

　　当年国民党军队为修筑乐西公路，四处抓民夫和壮丁，就连峨眉山僧人也未能幸免。当时有个别军官闲暇时也到庙里来走动，与和尚聊天，甚至听讲佛法。一位浙江籍年轻军官走动最频繁，他曾就读于国立艺术学院，毕业于中央军校，后来在峨眉山腹地的大坪禅院出家，法名通禅——他便是研究儒释道的世界知名学者南怀瑾。

孙明经在笔记中记载了普超法师针对抗日战争所说的一段话："……都望将来峨山至少能出一营人，原以军政为职业者十之四五。"普超当时是中华佛教总会四川分会峨眉山支部的负责人，他的话道出了部分峨眉山僧人出家前的身份。

（四）千手千眼观音铜像

第三是明代大佛殿千手千眼观音像，这是目前发现的大佛寺千手千眼观音的唯一存世照片，弥足珍贵。

据《峨眉山志》记载，明代无穷禅师主持修造了这尊千手千眼观音像。峨眉山流传着许多关于无穷和尚的传说，其中一段与铸观音像有关。明神宗的母亲慈圣皇太后是个虔诚的佛教徒，闻听无穷欲修造千手千眼观音，不但捐出私房钱，还让皇帝从内帑拨出一笔银子助修。无穷购得十万余斤黄铜修造佛像，佛像造好后原本打算运到慈圣庵供养，但是由于佛像高12米，无法运上山，只好在县城建大佛寺供奉。工程结束后，无穷进京，未及禀报，

圣钦法师84岁留影

普超法师老年留影

神宗即派人悄悄来视察，可是来人走遍全山寺院都没有看见铜铸的观音，于是禀报皇帝，怀疑无穷私吞了这笔银子。皇帝闻讯大怒，不问青红皂白，下旨将还在京城延寿寺讲经的无穷斩首，后来得知真相，追悔莫及，不但追封其为国师，铸金头赔罪，还派两个官员护送无穷的遗骨回峨眉山钵盂峰安葬。

　　大佛寺后几经扩建，而这尊千手千眼观音则是大佛寺的镇殿之宝。据不少峨眉老人回忆，过去每年到峨眉山朝山的人，都必先到大佛寺焚香，称为"起香"，从起香即日不食荤腥，有的还会要求家人亦如此，然后再逐庙拜佛，敬香供灯。抗日战争时期，故宫文物南迁乐山、峨眉，其中一部分就安放在大佛寺中。为了安全起见，大佛寺一度由重兵把守，严禁外人入内，直到抗日战争结束才恢复对外开放。

　　大佛寺和其中的千手千眼观音在"文化大革命"中遭到彻底破坏，在峨眉山、乐山的文史档案中均没有图片资料。大佛寺恢复重建为大佛禅院时，峨眉山佛教协会曾四处搜寻，但一无所获。就连当年在大佛寺

1939年，峨眉山大佛寺为故宫南迁文物仓库

里负责故宫文物的那志良（1908—1998），也没有留下千手千眼观音铜像照片，只在笔记中写道： "大佛寺是峨眉山下的一个大庙子，有一座大铜佛，是千手千眼佛，高丈余。凡是到峨眉旅行的人，在上山前，都来这里参观，现在这个大殿里放了文物，是谢绝参观的。"

孙明经是个眼光敏锐独到的人，他在1938年到峨眉山大佛寺拜访故宫有关人员时，拍摄了这张千手千眼观音铜像的照片。

看到这张照片，我感到奇妙而又不可思议：十年前我写《布金满地》时，就写到无穷禅师修造千手千眼观音的往事，一睹这尊佛像的容颜，是我心中的夙愿。在收集素材的采访中，凡遇到

明代无穷禅师主持铜铸的千手千眼观音

见过这尊观音像的人，我必详细询问，乃至周边的环境也不放过。我甚至还请几位法师带我去位于钵盂峰的无穷禅师墓地，希望能有所启发。那天正在下小雨，山路湿滑，我重重地摔了一跤，弄得一身稀泥，十分狼狈。虽然没有线索，但冥冥之中总有一种预感：有一天我能见到这尊佛像。那时的我怎么也不会想到孙明经先生拍摄了千手千眼观音像，也没有想到底片能保存下来，更没有想到孙明经的后人会几经周折找到我，并让我目睹四百多年前的观音圣容。这些事表面上看起来并无任何联系，却最终交汇到一起，真是奇妙的缘分！

苦行僧在峨眉山万佛顶搭建的茅棚

（五）万佛顶的茅棚

照片拍摄的是一个快要倒塌的茅棚，位置在峨眉山万佛顶。茅棚四壁空敞，树枝穿过屋顶，这个茅棚里素未谋面的主人在我心中萦绕了十多年！十多年前采访宽清法师时，我从他口中得知茅棚主人的故事。

宽清法师到峨眉山后，师从果琳和尚，果琳和尚吩咐他每隔一段时间去一趟万佛顶，为一位在那里结茅棚修行的和尚送一点米和盐。那时，万佛顶还是一片荒僻之地，古木森森，藤蔓缠绕，野兽出没。

宽清很长一段时间都不知道那位和尚长什么模样，多大年纪，因为他总是静静地待在用石头、树枝搭建的低矮茅棚中。宽清每次把东西送到后，只招呼一声，茅棚里的和尚也不多言，回一声谢，又悄无声息。只有一次，宽清见他站在离茅棚不远的水凼边眺望远方，虽然看上去年纪很大，脸上布满皱纹，但腰板挺直，目光深邃，神情举止颇有军人威仪。

一天，宽清又背米过去，但连喊了好几声，茅棚里都没有回应。

宽清忍不住透过柴门缝隙往里看，才发现那位老和尚盘腿而坐，微低着头，已经过世了。

宽清吓得慌忙跑回卧云庵禀告果琳师父。果琳师父一听，二话没说，带着宽清疾步去见他的师父——昌如老和尚。昌如老和尚似乎早有所料，面色平静地带着他们俩去了万佛顶。在清点那位过世老和尚的遗物时，宽清看到一块银质免死牌和一张写有"右府将军"字样的委任书。

昌如老和尚沉默半晌，开口道："阿弥陀佛，我现在可以告诉你们实情了。这位往生的老和尚法名霞光，今年94岁，俗姓李，过去是位战功卓著的将军，因舍命保卫皇帝而获授免死牌。同治年间，他奉命率军到贵州黄平等地镇压苗民起事，见尸横遍野，血流成河，顿悟生命无常，看淡功名利禄，于是抛家弃子，到峨眉山出家为僧。他是一位苦行僧，想以此洗清自己的罪孽。他先在夹江华头乡间的观音寺隐居了一段时间，然后又到金顶舍身崖结茅棚，最后去了人迹罕至的万佛顶。"

峨眉山万佛顶

宽清这才知道了老和尚的真实身份，接着与师父和师爷一道在山上安葬了霞光法师。以后，随着昌如老和尚和果琳和尚的相继圆寂，这段往事就像峨眉山的许多不为人知的往事一样，被淹没在历史的长河中。

知道此事的人也仅剩下宽清，但宽清遵照师父的叮咛，守口如瓶，直到圆寂前才将此事说出。

这个故事深深打动了我。采访结束后，我查阅了许多关于清代贵州苗民起事的资料，想从中了解霞光法师出家前的经历，可是由于不知霞光法师的俗名和籍贯，这样的寻找如同大海捞针。为此，我又一次登上万佛顶，期望能找到蛛丝马迹，可是丛林里什么遗迹也找不到。一位曾参与修筑金顶到万佛顶观光小火车道的民工说曾看到废弃的茅棚，只留下一些石块，还在密林中挖到装有骨灰的瓦罐。

就在我对探寻此事究竟感到失望时，忽听朋友说金顶重建过程中，一个民工在掘土时发现了一块银质免死牌，上面有一些铭文。我立刻联想到霞光法师，心里又一次燃起寻找他踪迹的希望，赶紧让朋友去找那位民工，可是那位民工却带着免死牌悄然离去。若隐若现的霞光法师又如一缕烟云，再次消失在遥远的天边。

时隔多年，没想到霞光法师闭关的茅棚竟然出现在我眼前，让人感到离奇而又意外！我把照片放大很多倍，又用放大镜仔细辨认，发现门上贴有一些纸条，但字迹模糊不清，只有"南无阿弥陀佛"几个字还能辨识。

这个破烂的茅棚见证了一段历史，也见证了峨眉山苦修传统的传承。

记得一位高僧曾说，一个人的经历与起心动念有关。峨眉山这些珍贵的老照片能失而复得不正是如此吗？

山中隐潮

雨后峨眉，寂静的后山小路游人绝迹。松风、雨露，空山清幽。上行过雷音寺，登解脱坡，经纯阳殿，还未到万福桥，便遥闻潮水澎湃之声。

起初以为是山间瀑布挟风带雨奔腾而来，疾步走近，涛声渐响，却不见流水踪迹。我心中暗暗称奇，目光四处搜寻，想探知这其中的秘密。

然而，放眼望去，脚下是崎岖的山路，前面是连绵的大山，四周苍松翠柏，茂林修竹，绿光氤氲，岚气轻拂，圣水禅院翘起的檐角从树丛中飞出，时隐时现。既不见飞瀑流泉，也不见山溪幽潭，唯有一缕晶莹泉水从远处石缝下缓缓渗出，并无涧路可寻。

潮声来自何方，又将去向哪里？

潮声伴我继续前行。过万福桥，见一巨石巍然横于途中，石上历朝名贤摩刻颇丰，其中有明代进士徐文华、安磐等人的墨迹。

当年他们因仗义执言被贬回乡，是峨眉山钟灵毓秀的山水驱散了他们心中的阴霾，涤荡了他们满腹的悲凉和愤懑。于是，他们在困境中办学著书，以教育福泽一方，被百姓尊称为"嘉州七贤"，广受敬仰。

巨石左边还伫立着一块大石，称"大峨石"，两者遥相呼应。石上由上至下依次是陈抟、吕洞宾、张景贤题写的"福寿""大峨""神水"，清晰犹新，似乎在给被利欲搅扰得骚动不安的人们指引一条清净

圣水禅院外的巨石上刻有明代"嘉州七贤"等　圣水禅院外的大峨石
人的书法

超脱之道。大石下有一水穴，泉水缓缓溢出，晶莹闪亮，潺潺流淌，最后消失在万福桥旁。走近大石侧耳细听，有汩汩之声自上而下，然而转瞬就被潮声淹没，消失无踪。

我早听说有名的峨眉山"圣水""神水""玉液泉"出自此，大石后的圣水禅院，亦称神水阁，就因此水而得名，然这山中潮水之声却闻所未闻。

正疑惑不解时，圣水禅院内步出一位比丘尼，面色红润，手持木勺茶壶，走近泉边取水。她告诉我，此乃山潮，非水所致。此潮，久晴时来必有雨，久雨时来必天晴，此外潮之大小又能预示一年的盈缩，极是灵验。

我惊讶之余，向她问了许多问题。

法师又告诉我，清代时这里是登顶峨眉山的主要通道，周围庙宇众多，除有山中六大古寺之华严寺、中峰寺，还有著名的大峨寺，由唐僖宗敕建，内中曾供有建峨眉山普贤道场的高僧——慧通法师的塑像。①

① 唐僖宗敕建的大峨寺曾与圣水禅院连成一体，后主殿倒塌，原寺渐废。

圣水禅院原名神水阁，初建于明代，因寺前崖石缝中有一汪清泉而得名，现为尼众寺院

三个大寺院附近还有星罗棋布的小庙，如胜峰庵、弥陀庵、立禅庵、呵呼庵、流春庵、圆教庵、灵文阁、曹溪阁等。清末以后庙宇逐渐减少，如今只留下寥寥几个，尤其是至山顶的公路和缆车开通后，很少有人愿意劳神费力沿此路徒步登山，自然也无缘领略这山潮奇观。

我问起她的生活状况，又问她为什么留在这个冷清的寺庙。法师淡淡一笑，并不多言，让我先到四周转一转，回头到庙中品茶。

我顺着圣水禅院右边坡下一条小路走到荒草萋萋的歌凤台前，正吃力辨认石上漫漶不清的字迹，忽然一阵狗吠从草丛深处传来，吓得我拔腿就跑，慌乱间摔倒在地。这时，一位采药老人拄杖走出，叫我别害怕，他的狗不会咬人。话毕，那只大黑狗立刻安静无声，摇着尾巴站在老人身边。我按老人的指点从难以辨认的荒路走到寂静冷清的中峰寺。

如今的中峰寺，面积不及过去的五分之一，清初被毁的几重大殿已被一片枝繁叶茂的密林覆盖，厚厚的落叶下旧迹难寻。

我穿行在林中，满脑子都是有关中峰寺悠远历史的遥想，而眼前这般冷寂静谧，更让我难以平静。这里曾是峨眉山禅风最盛的寺院，高僧辈出，代有奇人，他们在此修行思索，呕心沥血，为后人留下许多精神财富。这里也曾惨遭朝代更迭的战火，疯狂的杀戮是否在它身边留下一片血腥？

我正胡思乱想着，忽然瞥见树林尽头有一个身着灰衣的男人，盘腿坐在一个棕蒲团上聚精会神地看书，阳光在他的脸上勾勒出柔和的线条，使他由内到外散发出超凡脱俗的气息。我走过去与他攀谈，方知他现在是佛学院的老师，原是一名军人，后在南方一所重点大学任教，在哲学领域颇有成就，尤其对黑格尔有较深入的研究。他说最初选择学习哲学，是觉得中国人思维太过散乱、随意，应该引入西方的哲学思想加以改良，才能培养出思辨力强、逻辑严谨的新一代青年。然而他慢慢有了一些疑问，也发现一些哲学领域无法解释的问题却能在佛学中找到答案。于是他开始学习佛法，研究佛学，一步步深入，一层层感悟，获得金钱、名誉不能替代的平静喜悦。他毅

中峰寺一角

然舍弃繁华富裕的都市生活，将妻子、女儿送到国外，自己来到峨眉山与隐潮为伴。

离开中峰寺，我从大路折回圣水禅院，智者大师的七米高的衣钵塔耸立在禅院大门口，未经刷新维修的石塔沧桑古朴，透露出历史的悠远。

走进圣水禅院，见先前那位面色红润的中年比丘尼刚从地里劳动回来，手脚上满是泥土，背上的大背篓里装满了刚摘下来的新鲜白菜。

原来，庙里的几位比丘尼在废弃的大峨寺前开垦出一片菜园，萝卜、青菜、辣椒、茄子、南瓜、豆子等，四季不断，因不施化肥、不打农药的缘故，瓜果蔬菜虽然个头不大，却保留了最原始的味道。她们还将吃不完的菜晒干，加上盐和辣椒以及各种香料，做成腌菜或辣酱，成为这儿最受欢迎的凉菜。我打开她们腌菜的坛子，酸香麻辣的味道诱人垂涎，忍不住用手夹出一块放在口中大嚼。

法师收拾妥帖后，邀我到门外石凳上品茶。过去玉液泉左右曾有"竹月松风"和"一卷一勺"两个六角小亭，泉右九曲流杯池引无数高人雅士听潮赋诗。如今虽无曲水流觞、亭台楼阁，但玉液泉边遗韵犹存，仍是个听涛、赏景、品茗的好地方。果然，本是极普通的绿茶，用玉液泉沏，不但清香扑鼻、回甘悠长，而且茶汤始终清澈透明、不浑不浊。法师说这是因为水好的缘故。泡茶讲究三分茶、七分水，玉液泉清冽甘甜，能将普通的茶沏出上品茶香，就如人闻佛法能获得更多的智慧和快乐一样。茶与禅密不可分，禅茶一味，茶，不仅让人们体会到苦尽甘来，也让人们从生活细节中领悟禅理。

法师告诉我，她正是因为喜欢这山中隐潮才留下的，她原本在一个香火很旺的大庙，生活远比这里方便舒适。

我放眼四周，并无奇景，然而伴狂避世的春秋时鲁国人陆通，峨

采访圣水禅院宽忍法师

眉派武功的开山鼻祖、南北朝淡然大师，隋朝天台宗创始人智者大师，横跨佛道两家的药王孙思邈，宋代大文豪黄庭坚、苏东坡、陆游，南宋的别峰禅师，明代四川巡抚吴用先，民国的冯玉祥将军等都在此流连忘返。

　　为什么？站在这里，我心里渐渐明白，山中隐潮如天籁梵音，他们听音，留音，笑看潮涨潮落。

一个另类英雄的人生

小东在2008年"5·12"汶川大地震后的抢险救灾中，因冒死从废墟中救出十几个人，而获所在部队授予奖章，成为一名英雄。部队通知他去北京参加表彰大会，他不去，却开口要机票钱，好在顶头上司理解他，知道他经常有一些不合常理的另类举止，所以也不为难他。

原来，他打算把这笔钱一部分寄回家乡的大觉寺，另一部分资助两个贫困的孩子上学。小东做的这些事只有几个与他关系很铁的战友知道。大觉寺是小东一手建起的寺庙，在四川南方一个偏僻的乡间。小东中学毕业后不顾父母强烈反对，要到峨眉山出家为僧，他的理想是要当一个武艺高强、行侠仗义的高僧，可是到了峨眉山才知道，出家并非易事，需要先经过一年的考察。

小东是个耐不住寂寞的人，加上学过一点拳脚，经常找人较量，逞强好胜，有时还惹是生非。一天，他被一名平时从不显山露水的师父一巴掌打倒在地上，半天爬不起来。他羞愧难当，无地自容，于是用背篓装上自己简单的衣物，还有一顶斗笠、一张蓑衣，匆匆下山离去。

小东满腹委屈地回到家，不想父亲没好气地说："你不是要当和尚吗？哼，和尚倒把你打了，背时，活该！有本事你就滚出去！"小东气得转身就走，一个背篓、一顶斗笠、一张蓑衣，开始了流浪生活。他在成都流浪很久，靠乞讨为生，甚至在爱道堂的门外一连住了好几个晚上。爱道堂是个尼众寺院，有人施舍他一床棉被，还有人施舍他饭食。"爱道堂的屋檐比较长，不然衣服被子都会被雨淋湿。"小东念念不忘。

一段时间后，小东又返回家乡，但觉得没有脸去见父母，转来转去，最后在一个废弃的采石场搭了个窝棚，并在周围种了一些玉米和瓜菜糊口。这里没有人认识他，大家都以为他是一个无家可归的流浪汉。

不久，他开始在采石场修庙，肩挑背扛，一石一瓦，艰难异常。乡间农民淳朴善良，见一个流浪汉有如此举动，大为感动，都来帮忙，有的还捐赠了一点水泥、砖瓦、河沙、木料之类的东西。很快，一座简陋的小庙落成，并设了香炉蒲团，供上了菩萨。小东自己剃光头发，换上一身袈裟，开始为乡民们念经，做法事，在峨眉山学到的一点皮毛，此刻全部派上用场。再加上他性情直爽，乐于助人，小东与周边百姓相处甚和。

后来一位从北京来县里视察宗教工作的领导知道此事后，为他的寺院取名大觉寺，并题写了匾额。他的寺院的合法性得到了肯定。

再后来，部队到此地来招兵，他想了想，就脱下僧衣去参军，把大觉寺交给一个信得过的人帮忙照看。部队驻扎在一个大城市，周围的生活五彩缤纷，令人眼花缭乱，他经常半夜偷偷翻墙跑出去。两个战友发现后，偷偷跟踪他，结果发现他一身乞丐装束，四处拾荒。追问之下，得知他把拾荒挣的钱连同津贴都寄回了家乡的大觉寺。战友知道原因后，也愿意替他保密，因为小东平时十分节俭，连一瓶矿泉水也舍不得买，上街都是带军用水壶装开水。

小东提干以后收入增多，开始帮助一些贫困的孩子上学。他自己一直没有谈婚事，虽也曾有人给他介绍女朋友，但多是女方拂袖而去，原因归结起来主要有两点：一是嫌他抠门，二是觉得他另类。可是小东总是哈哈一笑，说："我才不想为她们改变自己，抠就抠，我就是抠！"

他说得振振有词。

他很喜欢部队。他说将来离开部队后他准备回到自己的庙里，或者再到峨眉山去当和尚。前不久，小东又去了峨眉山，拜访了当年教导过他的师父。下午，师徒二人惬意地在万年寺喝茶聊天。他告诉师父，有一个月他捡饮料瓶卖了一千多元，甚是得意。

黄昏时，小东与师父告别，说准备返回成都，哪知走出山门，他突然改变了主意，决定徒步登峨眉山金顶。半夜一点半，他给师父发了一条短信："师父，我在金顶。"第二天，师父起床看到这条信息，忙打电话问他："你昨晚住哪里？"他答："在庙子的屋檐下坐了一夜。"

峨眉山金顶海拔3077米，即使在炎热的夏季，夜里也要盖上棉被，而他只有一身单衣。

师父听罢，只说了一句："你还是老样子。"

息 心

　　早就想到息心所附近的山谷去了解那些正在闭关修行者的状况，可是又担心多有不便，直到心空法师答应带我去，才得以成行。

　　心空法师是万年寺的知客，曾任峨眉山佛学院的教务长，为人和善宽宏，长得一副弥勒佛相，与我是多年的朋友。头一天晚上，我刚赶到万年寺，山雨就飘然而来，接着，雨哗啦啦下了一夜，直到天亮后才慢慢停下。抬头望去，只见山间岚气蒸腾，在密林中飘忽不定，风一来，又是阵阵微雨，夹杂着松柏的清香，带着蝉鸣鸟叫悠长的回音。

　　早饭后心空法师带我们上路，湿漉漉的石阶盘旋而上，一道拐接一道拐，好像要延伸到云端，总也走不到尽头。不一会儿，我的衣衫就被汗水湿透。心空法师摇着扇子告诫我："慢慢走，多看风景，不要坐下歇气。"看来他深谙此道，所以尽管有弥勒佛一般的体态，登山却犹如闲庭信步。

　　自从通往接引殿的公路开通后，徒步登峨眉山金顶的人就越来越少，即便有，也多选择走洪椿坪、九老洞一线，因此我们走的这条路颇为幽静。走到观心坡俯瞰山下，万年寺、清音阁、牛心寺，以及远处的大峨寺、圣水禅院尽收眼底。

　　这些年，山间一下冒出许多新建的民居，就如同春天的竹笋一般。开设农家乐带来的丰厚收入，让山民们趋之若鹜。

　　一个多小时后我们到达建于崖畔的息心所，息心所的定禅法师拿出

峨眉山息心所

一个西瓜来款待我们。在不通公路的山里，西瓜显得十分珍贵，每一口都是奢侈的享受。

与峨眉山众多气势恢宏的庙宇相比，息心所是座不起眼的小庙，唯有一座大殿，前面供奉观音菩萨，后面供奉药师佛。它似乎不为四处大兴土木扩建庙宇的热潮所动，正如它的名字一样，万籁无声心自息。

息心所初建于明代嘉靖年间，为一小庵，相传为息心居士静习之处，后开建为寺，名息心所。明末清初，寺庙荒废。乾隆年间，德辉和尚重建庙宇。现存寺院为清光绪初年建筑，平时香客较少，简陋中透着一份宁静。

定禅法师话不多，举手投足透着沉稳与敏捷，这是长年习武学佛所致。他的身世颇为奇特，经历了由道到佛，由习武到修禅的转变，在息心所一住就是12年。他的房间里有两捆红砖，每捆八匹，用绳子捆扎成形，是他练习礅马步时的手中托举之物。

稍稍休息了一会，定禅法师带我绕过寺后一小片菜地，踏着荒草，向山谷走去。由于刚下了一夜雨，地上的苔藓就像加了酵母的面团一样膨胀开来，踏上去"吱吱"冒水，稍不小心就会滑倒。行走不久，两间相距不远的关房小院就出现在眼前，红砖墙覆以灰色的水泥瓦，荒草已经蹿到半墙高。房门紧锁，悄无声息，如果不是事前知道这是关房，我大概会以为看到了一座废弃的空宅。大门旁有一扇一尺见方的小木窗，只在护关者送午饭时才打开，每日一餐，过午不食。

僧人闭关的关房之一

从门上交叉而贴的封条得知，里面的人已经闭关三年有余。在此之前，两位僧人分别有在终南山和鸡足山闭关的经历。

僧人闭关的关房之二

如今这附近已经有七间关房，其中六间已住人。剩下的一间因为刚建完，里面还没有收拾妥当，暂时还没有人住。趁这个机会，我得以进入关房。推开院门，是一个约40平方米的长条形院坝，一排房子被隔成三间，分别是佛堂、卧

僧人闭关的关房之三

室和卫生间。

护关并非易事，与闭关有同样的功德。定禅法师说，闭关需要超人的毅力和信念，在整个过程中与外界隔绝，基本禁语，物质生活降到最低限度，所以他希望尽量给闭关者提供好一点的环境。为此，他整天都在忙碌。

离开相对集中的几间关房，继续向前，只见一段大约一尺宽的陡峭石阶，在树林里弯来弯去向下延伸，一直伸到飘忽不定的雾霭之中。心空法师指点四周，告诉我对面就是九老洞，下面是石笋沟，顺着石笋沟向前就到达曾经很有名的大坪禅院，通永、通孝、通禅（南怀瑾）等法师曾驻锡于此，只可惜其中精美的木雕五百罗汉在"文化大革命"中被付之一炬，深山古庙如今只剩些残垣断壁。

走到此，被体温烘干的衣服再次被汗水湿透。离开息心所时，我忘了往水壶里加水，此时正幻想树林里能出现一眼山泉，让我酣畅淋漓一番。有时做白日梦也能安抚人。

跟着两位法师继续向山谷里走，小路的尽头是正在重建的消失了近百年的地藏庵。重建地藏庵是为了给更多的闭关修行者提供清静的场所。这里真是峨眉山腹地一个风光绝佳的好地方！万籁俱寂，郁郁葱葱，俨然仙境。

我们刚停下一会儿，一片浓雾升起，顿时四周云遮雾罩，如白纱铺天盖地，三四米以外便模糊不清。雾越来越近，越来越浓，似乎将身体紧紧裹住，一张嘴就直入咽喉。转瞬间，我脸上、头发上就都蒙上一层水汽，渐渐的，水珠顺着面颊往下流，如同水洗一般。

当我试图走近悬崖边时，定禅法师立刻阻止了我。他说这里已经到了悬崖的尽头，下面是几乎垂直的峭壁！我小心翼翼地探出身子，隐隐听到浓雾深处传来的流水声。

定禅告诉我，前不久峨眉山发生了一件奇事：

一位84岁的老人从安徽到峨眉山拜佛，这是他四大佛教名山之旅的最后一站。他独自从万年寺后的小路入山时，不幸在古木参天、藤蔓遍野的山谷里迷失了方向。

他以为沿着山谷可以走出去，于是继续向前，哪知走进了石笋沟。

越往前越艰难，几乎要靠身体的力量才能从茅草中挤出去。他走得深一脚浅一脚，连连摔跤，想折回万年寺，却总也找不到来时的路，那些被脚踏过的草不知怎么的，已"呼啦啦"恢复原状，竟然没留下任何痕迹。

他对自己的冒失深深后悔，但又孤立无助。就这样在山谷里转了三天，一会儿云雾缭绕，一会儿细雨朦胧，他又饿又冷，浑身乏力，只好用山溪水充饥。后来大雨倾盆，山溪暴涨，溪水浊浪翻滚，不能饮用，他就吸岩石缝里的清水。

到第四天，他已经筋疲力尽，完全绝望了，以为会就此命绝峨眉山，于是在一个巨大的岩石旁躺下。就在意识有些模糊时，他似觉耳边响起一个轻柔的声音：不要怕，跟我走，前面有庙。

老人一个激灵，翻身坐起来，四处张望，可是四周空无一人。他挣扎着向前走，不久听到远处传来一阵叮叮当当敲打石头的声音，不由激动万分，于是循着声音向上攀登，最后被两个在地藏庵干活的民工救起，送到了息心所。老人爬上来的位置，正是我探出身子张望的地方。

定禅法师说，老人被救到息心所时连连说是菩萨救了他！当法师给他端来粥时，他没有急不可待地狼吞虎咽，而是先整理衣衫，到大殿观音菩萨像前虔诚叩拜。

我向定禅法师询问有关禅修的事。他说修禅需要大根器，非一般人能为。曾经有一位来自五台山的法师，用报纸糊了门窗，在漆黑的屋子里闭关一个星期，整个过程中只饮用了两瓶矿泉水，而出关时仍面色红润，双目有神。对一般人来说，寂寞是件难受的事，而比寂寞更可怕的是黑暗，因为黑暗往往使人产生恐惧，恐惧至极就会崩溃。"那叫闭生死关。"定禅法师说。还有一位法师，进入关房后，将床上的被褥、棕垫全部卷起来放在一边，一直盘腿趺坐，每天24小时如此，称为"不倒单"。并非所有闭关者都能够顺利出关，所以对初次闭关者可以降低难度，开方便法门，以免出现意外。

我又向定禅法师询问闭关的意义。他说就是排除杂念，一心参悟，佛教历史上的大成就者大都有闭关修行的经历。他自己早就打算闭关，只因为有护关的重任，暂时还不能离开。不过他已经选好闭关的地点，在更偏远僻静的地方，那里依山临水，他准备就地取材，筑茅棚而居。

在返回的途中，一个中年汉子手提两个饭盒迎面走来，点头与定禅打招呼，但并不说话。

息心所坡下"修砌峨眉山进山大路碑记"，清光绪十五年（公元1889年）十月统领四川马边防营提督军门、笃鲁巴图鲁万军门修建

关房内是一个苦修的世界，也是一个寂静的世界，闭关者远离红尘，在那里逐渐与周围的草木融为一体，故护关人都懂得要轻语缓步，不扰乱此处和谐安宁。我见对方一身俗家人装束，低声询问，方知是一名护林员，闲暇时常来寺院做义工，今天便是来给闭关者送饭的。因为闭关者每天只吃一顿饭，并且过午不食，所以寺院总是赶在开饭前先给闭关者送餐。

踏着小路走回去，云雾渐渐散开，蝉鸣此起彼伏，我望着远处的山峦，心想：无论社会经济如何发展，总有一些人不受诱惑，愿意远离世俗生活，放弃财富和奢华，在远离人群的地方，用毕生的精力寻找佛的指引，研习佛经，体会佛法，探索生命的意义。定禅和那些在山里闭关的法师就是这样的人。

我忽然联想起息心所的一副对联：

万籁无声心自息，一身非我物同春。

息心，是为更深入的探索。

顽 猴

峨眉山的猴子在江湖上颇有顽名，拦路索讨、强夺智取、围追堵截游人的事时有发生。它们有时一二十只成群结队散布道路两旁，有时三三两两出没林间，伺机而行，相互配合，身手敏捷，俨然一副"山中无老虎，猴子称霸王"的样子。

很多年以前，我就曾在山上遭到猴子袭击，被抢走了手提袋。它打开袋子，见只有方便面和榨菜时，回头以不满的眼神看了我一眼，便扬手将袋子连同里面的食物扔到了山坡下。峨眉山的猴子被游人宠坏了，对食物很挑剔。

顽皮可爱的猴子

我的一位重庆朋友第一次来峨眉山，对其习性毫不知晓，途中遇到一只猴子，便将一只熟鸡蛋给递过去。猴子接过之后，"叭"一声将鸡蛋扔在石阶上。朋友以为猴子是不小心拿掉了，遂弯腰拾捡。不料猴子蹿上前，重重地给她一耳光，打得她眼冒金星，脸上的红印许久不散。朋友大惑不解，求问于山民。答曰："猴子的吃食你千万别动，猴子扔鸡蛋是为破壳取食，它见你捡蛋以为你要抢回去，所以出手打你。"

曾有一个小伙子上山时不听劝阻，嚼着火腿肠大摇大摆地走。忽听林间一阵"唰唰"的轻响，两只猴子从天而降，拦路伸手索要。小伙子哈哈一笑，说："要买路钱嗦！"话未落音，一只猴子跳起来抢过火腿肠，另一只猴子越上小伙子肩头，一把抓过照相机又蹿到树上，洋洋得意。直到小伙子狼狈不堪，忙不迭告饶讨好，猴子才把照相机放到地上。

如此种种，不胜枚举。峨眉山的猴子脱不了一个"顽"字。游人觉得逗猴子开心快乐，猴子也觉得与人斗智斗勇很有趣。有猴子玩，峨眉山多了一分生动；没游人玩，猴子便少一分灵性。

峨眉山清音阁一带是猴子的保护区，有工作人员持棍巡逻，向游人讲解注意事项，一旦发现猴子

　峨眉山清音阁

峨眉山清音阁两道桥如彩虹横跨在飞流之上

有"不轨"行为则予以棒喝教训。可是猴子极不愿受人约束，更不愿被约束在一个固定的区域里，经常跋山涉水，如齐天大圣孙悟空踏着筋斗云般跑出保护区，四处游玩，逍遥自在。

万年寺是猴子们爱光顾的地方之一，因有前车之鉴，我每次前往都小心翼翼，唯恐遭到"袭击"。一次去寺中拜访一位法师，我说到猴子的种种劣迹，有些不满，可法师却不以为然，说猴子极有灵性。法师给我讲了一段关于猴子的往事。

那年冬天，峨眉山格外寒冷，一只降生不久的小猴子死去，母猴的哀鸣声经久不绝。此后母猴天天抱着死去的小猴在万年寺内转。十天过去了，小猴开始发臭，刺鼻的臭味四处弥漫，而母猴依旧紧紧把小猴抱在怀中，不忍离弃。又过了三天，母猴才依依不舍地用双手刨了一个坑，将小猴埋葬，但仍不肯离去，时常在那个小土堆四周徘徊。

一天，山上狂风大作，尘土飞扬，小猴的尾巴露出泥土，随风摆动。母猴见状，仰天大叫，以为小猴死而复生，激动万分地将小猴从土中刨出。当它见到一具尸体时，又一次忍不住流下眼泪。闻声赶来的猴群神色凄凉，齐发出令人悲伤的呜咽。那情景让法师终生难忘。

法师说猴子是极有灵性的，峨眉武术中的猴拳取意自猴，峨眉山还流传着许多猴子与人和睦相处、护法利生的故事，故师父们常称它们为"灵猴"或"猴居士"。

当雨雪连绵，游人稀少，猴子难以觅食时，师父们就拿出玉米、豆子等布施给它们。平时，猴儿们对庙里的师父们极是恭敬，甚至剃光头的游客也极少受到猴子纠缠。

今年春天，我又去万年寺，不料一路走来却不见一只猴子，山坡上、树林里也踪影全无。好生奇怪！茶过三盏，向空法师询问。空法师说前些日子猴子经常跑到师父们的寮房玩耍，上蹿下跳，东翻西找，抽屉、衣柜、书架，一处也不放过，有时玩累了，就索性躺在床上呼呼大睡。后来猴子发现师父们关闭门窗不让它们进入，就变着花样撬窗钻洞，上房揭瓦，似乎在说："朋友，太不耿直！我们相邻为伴，何苦相互为难！"师父们只好让步，任猴居士们自由往来。一天晚上，空法师洗漱罢钻进被窝，突然触到一团黏糊糊的东西，一看竟是猴子拉的屎！可被子铺得整整齐齐，全然看不出任何动过的痕迹。法师说，猴子睡醒后大约发现自己闯祸，赶紧收拾好被褥从屋顶逃遁而去。从那天起，万年寺门口的猴子骤然消失，仿佛做了亏心事无脸见人，很长时间没有露面。

"前面有情况！"

运筹帷幄的母猴

"这是我的地盘！"

　　我想猴子定是知自己顽皮过头了，故躲到一个隐蔽的角落反思过错去了。

　　峨眉山的猴子，怎一个"顽"字能了！

月中桂

中秋峨眉山赏月，我惊叹于山间庙宇弥漫的桂香。

晚霞落尽，云影无光，峨眉山渐渐消失在温柔的夜色里。

游人的喧闹远去，虎溪水面飘起几缕薄雾，不知不觉，月亮悄悄潜入溪中，一转眼又浮出水面。间或一声虫鸣蛙叫，振翅而过的夜鸟，滑入溪中的露珠，惊得月亮轻轻晃动，溅起几许飞花碎玉。

月夜是峨眉山最令人沉醉的时光，而中秋之夜最能将"竹影扫阶尘不动，月穿潭底水无痕"的空灵意境体现到极致。

坐落在虎溪边上的伏虎寺是一座神奇的寺院，虽然四周古木参天，但寺院屋顶却一尘不染，不见枯枝败叶踪影，仿佛有人随时清扫。可这

伏虎寺

一切并非人力所为，而是大自然的鬼斧神工，妙趣天成。当年康熙皇帝惊叹这一奇观，也惊叹寺中僧人的飘逸自在、清净不染，挥毫写下"离垢园"三个大字。这块匾额至今仍高悬于庙中，引无数人不远万里前来叩拜。

伏虎寺内的桂树枝繁叶茂，桂花在中秋之夜竞相开放。大雄宝殿左右各有一株精心修剪、树冠状如巨伞的桂树，一株是金桂，另一株是银桂。金黄、乳白的花朵缀满枝头，馨香之气淹没了往日的香火红烛之味，宽敞的大殿里香气四溢，缭绕不绝。

踏着月色去罗汉堂，半山坡上的桂树与华严塔旁虎泉边上的桂树，繁花盛开。微风吹来，花儿四下飘散，把幽香带到每一个角落。石阶、栏杆、曲径、野草，无处不在。幽香伴着薄如轻纱的岚雾透过肌肤，沁入心脾，又从身体的每一个毛孔散发出来。

桂香引领着我在月光如水的伏虎寺内徜徉，亭台楼阁，廊腰缦回，檐牙高啄，宝殿雄伟，这一切原本十分熟悉的景象，此刻竟然有些缥缈朦胧，陌生遥远。月色把这一切装点得熠熠生辉，宛如西天胜景。

峨眉山佛学院尼众班

我把头伸进一棵桂树的枝丫中，桂花就在襟袖之间，皎洁的月光下晶莹闪亮，清新圣洁。四周没有灯光，没有行人，没有声响，唯有花儿与明月遥相呼应。身处花中，心已无花。我的心随着月光摇曳，那醉人的香啊，透入骨髓深处。

踏月赏桂之后，妙法师在庭中高大的桢楠树下摆好桌椅，并用取自峨眉半山圣水禅院的甘泉，沏上佛学院学生自己采制的明前绿茶，举杯邀月品茗之间，又拨动琴弦奏一曲《高山流水》。于是，琴韵、月色、山风、桂香、佛理、禅趣，一同融入杯中，点点滴滴滋润我的心田。

妙法师是一位颇有学养的比丘尼，总是面带笑容，平易近人，步履轻缓，言语婉转。与之相识的人，莫不赞其亦师亦友；与之初见的人，莫不期望拜师结友。她让自大者渺小，骄傲者惭愧，烦闷者解脱，狭隘者宽容。有她在，方寸之间顿生祥和之气。

月光下的桂花不事张扬，自甘寂寞，居于红尘之外，流芳人世之中。这不正是妙法师的写照吗？其实不仅仅是她，这月下桂花也是峨眉

采访妙法师

与峨眉山佛学院尼众部教师合影

山许多世外高人的品格缩影。当尘世喧嚣时，他们寂然无声；当群星争艳时，他们默默无闻；当滚滚红尘消散之后，他们却空谷传响。

月中桂，桂中月，我惊叹它能于无声处点燃人智慧的心灯。

牛角寨大佛

开凿于唐代的乐山弥勒大佛，堪称佛教造像艺术高峰时期的杰作。也许正因为乐山大佛光芒万丈、声名远扬，周边许多同时期的佛教造像都黯淡无光、默默无闻。

位于四川仁寿县高家乡牛角寨的弥勒大佛就是其中之一。仁寿县曾经属乐山管辖，牛角寨距离乐山不过一百多公里，但即使在今天交通也十分不便，当年的情形就可想而知了。牛角寨地处龙泉山脉中段东侧文宫镇高家乡鹰头村的山上，盘山乡道一路坑坑洼洼，尘土飞扬。

其实，牛角寨早已无寨，只剩山名而已。原来的寨子消失于何时，没有史料准确记载。如今，牛角寨山间散落着为数不多的人家，破旧的土坯墙院落，无声地诉说着贫瘠土地上的过往。

历史上，仁寿一直是个缺水的地方，故其许多地名皆与水有关，如满井、汪洋、清水、藕塘、慈航等，无不寄托着人们对水的期盼与渴望。在以平原和浅丘为主的仁寿，海拔七百多米的牛角寨算是一座令人仰止的高山，因而比其他地方更缺水。

牛角寨既不在交通要道上，也没有丰富的物产，地势险要，周围怪石嶙峋，唐代的人为什么会在这里修造一尊巨大的弥勒佛像？须知当时在悬崖上开凿高15.85米、宽11米，双手齐胸合十的石刻佛像，是一个相当费工费时的工程。关于这一切，史料上没有记载，一切都是推测，以及无数的民间传说。

从正月初一到十五，各地寺院几乎都是人头攒动，香烟缭绕，而牛角寨弥勒大佛却显得冷冷清清，卖香的山民也因为生意清淡而没精打采。近年来，牛角寨建起一座小寺院，名大佛寺，但仅有一重殿，四个出家人也轮流在外卖香。

我沿着石阶向上，远远看到开凿在红砂岩石上的弥勒大佛头像，一座近年建起的楼阁将佛头罩在其中。

走近看，见佛像面容丰满，嘴微闭，目微启，眉似新月，神态安详，与乐山凌云山弥勒大佛颇为相似。鼻子上修复的痕迹清晰可见，整个头部与手的风格有些不合，我推测手也许是后人续修而成的。唐代佛教造像中这样的例子比比皆是，乐山大佛历时90年修成，先后几个人主持续修；重庆潼南的弥勒大佛也是如此，头部在唐代完成，身体在宋代续修完成。

我在周围转了一圈，见到不少摩崖石刻造像，人物众多，相貌各异，或立或卧，或静或动。有的屈腿躬腰，俯首侧耳作恭听状；有的五体投地作跪拜状；有的系裙穿甲，有的屈臂挽带；舞伎翩翩起舞，乐伎吹打弹奏。造像除人物外还有器皿禽兽，千姿百态，栩栩如生。虽然风化的痕迹十分明显，但流畅的线条、精湛的工艺，依然能展示出艺术价值。目前这些摩崖造像中已经编号的佛龛有101个，共1519尊佛像，还有大量残缺不全的佛像未编号整理，据称总数达2400多尊。

听我询问牛角寨弥勒大佛的情况，卖香的山民们向我推荐王和尚。那是一位约摸六十出头的出家人，俗姓王，当地人便称他王和尚，或王师父。后来我发现，这里的山民习惯在出家人的称谓前加上俗姓，比如，称一位前来上香的比丘尼为张尼姑。王和尚给了我一份高家镇党委、政府主持编印的印有牛角寨大佛的明信片，上附寥寥百字简介，还兼为仁寿特产桃花、枇杷、羊肉做广告。王和尚的回答与明信片上印刷

建于唐代的仁寿牛角寨弥勒大佛通高15.85米，宽11米

仁寿牛角寨大佛四周的石刻罗汉

的一样，再多问几句，便摇头称不知。

好在后来我遇到卖香的董大爷，他说此地原来有"大佛阁""观音堂"，可惜在"大跃进"中拆除。牛角寨是明末张献忠率军攻打四川时为屯兵所筑，早年还能看到拴马石、废弃的屋基等，现在仅余一破裂的储水石缸。

说起新修的大佛阁，董大爷指着佛像下方的一道石缝，讲述了一段离奇的故事：

"文化大革命"中，当地一个王姓的年轻人参加了众多群众组织中的一个，不久这个组织被定为反动组织，王某出身地主，罪加一等。他走投无路，绝望之下本想在离家不远的水库投水自尽，可是最终只是脱下衣物和鞋子，制造了一个自杀的假象，然后跑到牛角寨大佛像下的石缝里躲了起来。原来，石缝后面有一个洞，如同一间石屋。

支撑王某活下来的是一个痴情女子忠贞不渝的爱情。贫农出身的李姓女子，从此每天夜里摸黑走几里山路，偷偷给王某送吃的，一连送了两个月，纵然担惊受怕，却风雨无阻，其间的酸甜苦辣，难以言表。

王某当时在石缝里对大佛立下誓言：若我能躲过这一劫，一定重修楼阁，让大佛不受风吹雨打之害。

两个月以后，王某偷偷离开牛角寨，逃到成都，以出卖劳力糊口，拉板车、扛麻袋、掏大粪等，只要能挣钱，什么活都干。可是因为没有户口和相关的身份证明，最初只能在桥洞和街头露宿。有一天，一个雇主见他做事麻利，又不斤斤计较，决定长期雇用他。不久，雇主将一些小工程交给他，他干得有声有色，便拿到了更多的工程。王某慢慢有了一些积蓄，便正式娶李姓女子为妻。患难之中见真情，有情人终成眷

弥勒石刻佛像下的石缝成为王某当年的藏身之地，左侧石碑记叙了重修大佛阁的原因

属，家乡的人这才知道他没死！这时"文化大革命"已经结束，他趁国家经济发展、政策开放的好势头，办起了自己的公司，生意蒸蒸日上。20世纪90年代，他携妻子一同返回故里，出资十万元为牛角寨大佛修建阁楼，兑现自己当年立下的誓言。

当我问及王某与李某现在的状况时，董大爷叹道，王某已与李某离婚，他留给前妻一大笔钱财，另娶了一个年轻漂亮的女子。末了，董大爷摇摇头说："钱太多了也不好！"

讲到这里，有人到董大爷摊前来买香烛，我便告辞，沿陡峭的山坡朝大佛头顶攀登。

据说这座山形如一个牛头，故名牛角寨，佛像所在的位置正好在牛鼻子上，岩石向前突出。站在山顶上，尤其是那只巨大的石水缸边，可以看见南、北、西三面群山连绵，重峦叠嶂；向东俯瞰，则梯田层层，鹰头水库波光闪耀。近年山顶上栽种了不少松树，只有佛像头顶背后那棵合抱粗的柏树，是过去满山苍松翠柏中唯一的幸存者。从一侧接近佛像，可以清楚地看到头顶的螺髻，其状犹如乐山弥勒大佛。

在第53号石窟《南竺观记碑》题记中有以下字样："大唐天宝八载太岁己丑四月乙未朔十五日戊申"，这应该是造像结束后留下的，即公元749年，有文史专家据此认为此弥勒佛像是乐山弥勒大佛的蓝本之一。其实，被视为乐山弥勒大佛蓝本的还有其他佛像，诸如青神县与乐山交界的平羌三峡，就有一尊未完成的石刻佛头像，整体造型与乐山大佛极为相似。

乐山大佛开凿于唐开元初年（公元713年），成于贞元十九年（公元803年），前后跨度90年，是世界上最大的石刻弥勒佛像，在当时科技与生产力相对不发达的情况下，修造这样一尊巨型佛像，自然要先做大量的准备工作。南宋时陆游出任嘉州通判，就在城西古象山①能仁院里看到过大佛的蓝本。他在一首诗的序中写道："能仁院前有石佛，高丈余，盖作大佛时式也。"《方舆胜览·嘉定府》中也有关于乐山大佛蓝本的记载："古象山，在城西，有石刻弥勒，如凌云而小，或谓初作此以为大佛之式。"由此看来，舍近求远，到交通极为不便的仁寿牛角寨凿一个弥勒佛蓝本，这样的推测不合逻辑，经不起推敲。

唐代开凿乐山弥勒大佛碑记（中下方），右为通向佛像底部的九曲栈道

① 古象山在乐山城西两里处，今斑竹湾一带。

1200多年以前，在凌云山悬崖峭壁上开凿的弥勒佛像究竟依据的是哪一个蓝本，今天看来其实并不十分重要。重要的是代表未来、代表光明的弥勒佛信仰，一度是中国最流行、最深入人心的信仰之一。尤其是在四川，民众的期盼与统治者的助推使之达到全盛，并深深影响了周边的少数民族地区。乐山弥勒大佛、重庆潼南弥勒大佛、荣县弥勒大佛均先后开凿于这一时期，不但体积巨大，而且选址也有相同之处。遭遇多次兵火之灾的牛角寨，关于其初次修建，半块残碑也没有留下，但佛像本身就是中国弥勒信仰高峰时期一个有力的见证。弥勒大佛曾使周边百姓对未来充满美好希望，因为有希望，百姓们才能在贫瘠的土地上一代又代顽强地繁衍生存下去，留下许许多多体现生命价值、令人回味的故事。

鱼 窝

大年初五的鱼窝，安静中带着一份寂寞。

鱼窝，是乐山与青神交界处岷江峡湾的地名，由犁头峡、背峨峡、熊耳峡三个峡谷组成，又称平羌三峡，因两岸岩石缝里出产美味的江团而得名。

沿鱼窝峡湾的道路自古以来就是成都至乐山的重要驿道，古时颇有名气的清溪驿就设在附近，每日舟船、马车、行人往来不息。至今在峡湾前方的汉阳古镇上还能看到一些清代木质瓦房民居和由青石板铺成的街道。汉阳镇就是由清溪驿发展而来的。一些史学家认为李白诗句中

曾经出江团的鱼窝，如今渔船搁置在江边

"夜发清溪向三峡，思君不见下渝州"的"清溪"就是此地，尽管这一论断有不少争议。

鱼窝乡间如今还延续着从大年初二开始走亲戚的风俗。长期居住在冷清寂寞的乡下的人们，趁这个机会与亲戚们凑在一起打牌、喝酒、吃九大碗，难得热闹一番。如今年轻人大都在外打工，有的连孩子也一同带走，多年不回家，乡下老宅子里往往只有老人和狗，山间升起的炊烟里也带着落寞与寂寥。

以前，乡人的祖上在外经商或者为官者，大多要衣锦还乡，至少晚年也要落叶归根。那时人们对土地有深深的依恋之情，而今"根"的概念淡薄了，家的结构也发生了很大的改变。近三十年来，中国进入最大的人口流动时期，从"盲流"到"农民工"，词汇的转换，表征的是上亿以土地为生的农民涌入城市。

我托一家饭馆老板帮忙找一位船夫，请他将我和先生带到熊耳峡走一圈，想再看看当年在峭壁上尚未开凿完工的大佛像。很多年前，我为写长篇历史小说《最后的大佛》，曾沿古驿道走过，还特地雇船看过这尊大佛。听说这些年大佛风化十分严重，故想再去走一遭。

平羌三峡过去水流湍急、波涛汹涌，可如今由于上游电站不断增加，筑坝蓄水，河水滔滔的景象早已不复当年。

不一会儿，一位被称作胡老四的船夫摇着小船过来。船身很小，人一跨上去就摇晃不止，舱里积有半寸深的浑水。胡老四这几天都在鱼窝中捕鱼，但收获寥寥无几。他说现在越发难以捕鱼，尤其是江团，去年一年只捕到一条不足两斤的，卖了五百多元。

江团生活在深水石缝里，以食岩石上的藻类为生。鱼窝两岸皆是长满苔藓的岩石，是江团最佳生存之地，然而近年来由于过度捕捞，特别是前几年上游两个小纸厂大量排放有害污水，大批江团死亡，竟致难以生存繁衍。"黑压压的臭水流下来，河边漂起好多死江团，有的没死，不停地板①，好造孽……"胡老四一边说一边摇头叹息。胡老四的父亲、祖父曾是靠水谋生的渔夫和船夫，常年往来于这条江上，后来不得不以种地为生。

我忽然想起张继先先生讲述抗日战争时期张大千来乐山的故事。张先生是峨眉符溪镇人，医道高明，为人和善。我问张先生对张大千印象最深的是什么。他想了想，十分认真地说："好吃！张大千不但爱吃，也特别会吃，尤其喜欢江团。"张继先先生为了款待张大千，曾特地托船夫到鱼窝买江团，有一次弄了一条很大的江团，不得不用洗衣服的大木盆装回来。

抗日战争期间，许多学校和机构内迁到乐山，张继先在玉堂街的"仁济国药号"后堂内，经常高人雅士贤集，于右任、马一浮等人出入其中。美食江团往往是雅聚中的高潮和亮点，张大千曾亲自上灶烹饪，彰显高超的厨艺，博得满堂喝彩。他还特地画了一幅达摩面壁图赠送给张继先。"但是我不喜欢，黑黢黢的一张脸，于是就把画贴在门背后，第二天张大千来看到了，啥子话没说，回去又画了一张观音来送我。"说起这些，张先生哈哈大笑。

百岁老人张继先先生有一次与我说起和张大千一起吃宣威火腿的往事。火腿烹饪过程相当繁复，清水煮沸后，再裹上蛋皮放入蒸笼，等等。末了，他露出顽皮的神情，说："我那个药铺是吃垮的，朋友三四经常在药铺后面的客厅里喝茶，吃饭要摆几桌。"张继先先生是个仗义疏财的人，曾坚持每天为一位穷困病人免费诊治并赠送汤药。他认为吃是维持人体健康的重要方法之一，但并不是大鱼大肉，而是顺应时节。

---

　① 板：四川方言，意为挣扎。

比如，夏天苦瓜上市，冬天萝卜饱满，都是身体在相应季节的需要。江团在当时也是上品水产，那时鱼窝的生态是平衡的，可是如今这种平衡被彻底打破。现在的鱼窝河道狭窄、水质浑浊，上面漂浮着不少难以降解的塑料袋、饮料瓶、塑料泡沫等垃圾，江团踪迹难寻。

船行一会，胡老四与江边一位渔夫打招呼，互问有无收获。对方是一个上年纪的汉子，一边摇摇头说"没搞头！"一边用一根细竹竿，不断拍打缠绕在渔网上的藻类。汉子身后的山坡上布满了密密麻麻的速生巨桉树，这种速生林如同流行感冒一样在四周蔓延，但凡有巨桉林的山坡，其他植物就难以生长。巨桉如同抽水机一般，将周边的泉水慢慢吸去，直至消失，可是它快速见效的经济利益又刺激人们大面积推广种植，鱼窝两岸现在已经成为巨桉树的世界。

胡老四的船上装了柴油发动机，黑烟伴随巨大的轰鸣声，二十多分钟就将我们送达熊耳峡。沿途我们还看见几个刻在江边岩石上的小佛龛，胡老四说一处称上观音，一处称下观音，下观音逢年过节还有一些村民去烧香，而上观音则因水势过急，几乎无人靠近。

熊耳峡陡峭的山崖上，被当地人称为"平羌大佛"的石刻已经被巨桉树遮挡得看不清。对于这尊未完工的大佛，当地流传着很多传说，皆与乐山大佛有关。围绕这尊未修完的大佛，清溪驿等地发生了一连串令人匪夷所思的逸事，我曾根据这些事写下了长篇历史小说《最后的大佛》，讲述了西川节度使韦皋与女诗人薛涛的爱情，还有为修大佛剜目保佛财的海通和尚，失窃的朝廷库银，遇害的南诏使臣，以及私铸铜钱、江湖盗贼、为父复仇的女子，等等。

平羌大佛荒废多年，极少有人关注，仅《乐山市志资料》（1996—2000年合刊）中有简单记载："……其上螺髻屈指可数，头上项颈犹作三道肉褶，虽然眼、口未刻成，但佛头整体已成。此外，大佛颈下、胸

平羌三峡岩壁上的石刻佛像

部也部分刻出，目测其高约7米左右……如果完工，通高将在50米以上。其凿造时间，初步推断在唐代。"如今，我只能隐隐看到大佛鼻子以上的佛龛，以及胸部露出的一块红砂岩，其余都被巨桉树枝丫淹没。

我问胡老四到山顶看过佛像没有，他说："没有，但是一个朋友的儿子上去过，还爬到大佛的身上，回来说大佛的鼻子已经风化掉了。"这个朋友是一个颇有能耐的人，他儿子也喜欢折腾。遗憾的是当我见到胡老四的这位朋友时，不巧他儿子到乐山看庙会去了，我无法得知大佛更详细的情况。

返回途中，我们再次遇到那位上年纪的汉子，见他又在用竹竿拍打缠绕在渔网上的藻类。忙碌了半天，他只捕到两条比食指稍大的鱼。河风有些刺骨，夹着丝丝细雨，汉子的脸冻得有些发青，依旧不肯还家。

"汉阳的花生，汉阳的鸡，汉阳的江团坐飞机。"这是当地曾经广为流传的民间谚语。如今改良过的花生和鸡还是当地主要农产品，但是人工喂养出的江团味道却难以媲美野生江团。其实捕鱼早已不能为业，航运也在四十多年前消失，依赖河流为生的群体已经解散。在鱼窝操旧业，只是出于对河流的祭奠和怀念，也是寂寞生活中的一种排遣。

离开鱼窝，我们穿过汉阳古镇，朝附近的中岩寺而去。中岩寺初

建于唐代，地处成都到乐山、峨眉山的水陆要道，为川南重要的丛林之

一，苏东坡、陆游、范成大都在这里留下过墨迹。近几十年来，中岩寺因陆路改道、水路衰落而逐渐冷清下来。一路走去，见山门两侧开设了许多饭店，几乎所有招牌上都写有"正宗野生江团、野生河鱼"。人还

青神中岩寺残留的佛像

青神中岩寺一角

没靠近，店主已经冲上前来揽客，巧舌如簧地推销道："鸡鸭羊兔是农家放养的，没用饲料；鱼是从河里捕捞来的，天然野生。"放眼看去，那景象令人大为吃惊。卖香烛与卖烧烤的竞相吆喝，有的索性香烛摊和烧烤架并置，摊前炉火正旺，铁架上翻烤着全羊、全鸡、全兔，抹油、刷料，油滴在火炭上发出"呲呲啦啦"的声响，碳焦味与香料味弥漫空中。摊位附近拴着的羊、鸡和兔子，胆战心惊地看着自己的同类被杀，惊恐不安，瑟瑟发抖，等待厄运降临。

在寺院门口如此肆无忌惮，毫不避讳地行杀生之事，我还是第一次见到。鱼窝安静寂寞的外表，掩饰不住骚动不安的物欲。

蕙心兰质的演慈法师

2002年的正月十二，一个浓雾弥漫的早晨，一阵急促的电话铃声将我从噩梦中惊醒，擦擦头上的冷汗，望着黑夜中红得刺眼的电话提示灯，我竟然有些不知所措。拿起话筒，宽亮法师哭泣的声音从电话的另一端传来："……我师父……圆寂了……"

宽亮是伏虎寺演慈法师的弟子之一。

我大吃一惊，急忙收拾好赶到伏虎寺。

一夜间，伏虎寺的树上挂满白色的纸花，几位悲伤的比丘尼正在布置灵堂。

敦厚质朴的宽亮和另外两位比丘尼含泪把我带到演慈法师的木龛前。木龛用一块金黄色的绸布遮盖着，我屏住呼吸看她们焚香叩拜后，小心翼翼地揭开绸布：

演慈法师穿着灰色的僧衣，头戴黑色的僧帽，闭目跌坐在木龛内，手持一串檀香木佛珠，神态端庄安详，白净的脸如施了一层薄粉，遮挡了往日的红润。她轻抿双唇，舒展眉头，栩栩如生，如在修行坐禅。

灵堂中弥漫着安详的气息，丝毫没让我生出对死亡的恐惧。

自我母亲去世后，我一直都不愿见死者，任何追悼会都会勾起我伤心。来之前，我做了充分的思想准备，尤其是得知演慈法师因意外而圆寂——汽车从二十多米高的山上滚落山谷，一辆半新的长安面包车变成了一堆废铁……我没想到她圆寂后看上去竟如此安详。

宽亮法师告诉我，她们给师父擦洗身体时，发现师父身上完好无损，皮肤上一点划痕都没有。此时，我想起不久前她对我说的一番话，心里感叹不已！记得当时我们聊着聊着，她忽然说："我过不了40岁。"我很诧异，问她为什么这样说——她一向身体健康，肤色红润，精力充沛。演慈笑而不答。现在回想起来觉得真是不可思议，她还差几个月就40岁了。

来伏虎寺吊唁的人逐渐多起来，我离开御书楼准备去看看宽忍法师。宽忍法师是演慈的另外一个弟子，这次与师父一同外出时受了轻伤。

一路走去，演慈的音容笑貌栩栩如生地浮现在眼前。

演慈法师

（一）

《楞伽经》中，佛陀说："悲生于智。"意思是只要坚持不懈地寻找，就会在修炼中找到佛法；佛法就是智慧，智慧生出慈悲。

演慈对我说过，她出家就是为了寻找佛法。

演慈从小聪慧伶俐，祖母常带她去庙寺与僧人谈禅说偈，使她从小浸润在幽远空寂的佛学境界中。外婆告诉她人有三世——过去世、现在世、未来世，人从哪里来，到哪里去，都是由自己的品行决定的。人死后会有来世，我们只要这一世好好做人，吃苦行善，虔诚奉佛，来世就会过上好日子。

演慈俗姓雷，名钟书，8岁那年祖母带她上峨眉山拜佛，一路上青山绿水中不时飘动的黄色僧衣，深深吸引了她。她对祖母说："我长大了要到峨眉山当尼姑！"儿时的一句戏言，后来成了真。钟书就这样确定了自己的人生目标。她说她信佛是为了获得智慧，期望自己能把深奥晦涩的佛学理解透，不是像一些佛教徒那样，只为了祈求来世的平安和财富。

正因为如此，她进入佛门后，显示出与众不同的信念和坚持，用二十多年的时间先后写出了《峨眉山佛事》《峨眉山尼众寺院》《峨眉山供像略说》三本书，为峨眉山佛教文化留下了珍贵的资料。

1982年，19岁的钟书和年迈的祖母又一次来到峨眉山。

送走祖母，钟书只身来到峨眉山佛教协会要求出家，而峨眉山当时已决定不再收女众。1956年集中到伏虎寺的21位比丘尼，除还俗和圆寂的外，只余下几位年事已高的老尼姑了。当听说山上不收女众时，钟书大哭起来，几乎昏了过去。出家修行是她的夙愿，她就是为此而来的，这是她一生的目标。她苦苦哀求，并不断地表明自己终身修佛的志愿。

经过好几天锲而不舍的努力，钟书终于感动了佛教协会的几位负责人，她们破例让她皈依佛门。

钟书成为峨眉山落实宗教政策后第一个出家的比丘尼。有些老僧说她慧根好，因为她出家的原因和许多人不一样，既不是因遭受了什么打击而厌世，也不是生活困苦想寻找出路，她是真正缘于独特的精神追求。由于她的到来和以后她的佛学造诣的不断加深，一些有意学佛的女青年敬仰她的学问人品，从四面八方来伏虎寺出家学佛。峨眉山又开始收年轻的女众了。

女性出家修行比男性更难。比丘尼的始祖是释迦牟尼的姨母（也是他的养母），叫爱道，当初她坚决要求出家。释迦牟尼说，如果你一定要出家，必须遵守"八敬法"，即对比丘怀有敬意，遵守八项特殊的戒律，这样将来才不致毁灭佛法。爱道为了出家，毫不犹豫地答应了。如今，出家人持戒，比丘为250戒，比丘尼为348戒，也就是说比丘尼的修行要求比比丘更为严格。

钟书到峨眉山出家后并非立即成为一名正式的僧人，而是先被安排到雷音寺接受考查，1983年又到伏虎寺接受考查。这个过程既是考验来者，也给来者一段再思考的时间，以便双方慎重抉择。出家并不意味着脱离烦恼，轻松自由。

峨眉山的僧尼在宗教政策落实以前，大都过着农禅并举的生活。那时伏虎寺的比丘尼主要靠自己种植的二十多亩地为生，没有另外的经济来源。直到1976年伏虎寺对外开放，门票定价五分钱一张，才有了额外的收入。常清法师吩咐大家把这笔收入积攒起来，十年后，这笔钱被用来为寺院修起一千多米长的围墙。

钟书到伏虎寺后除早晚功课外，就忙着打理地里的油菜、小麦、玉米、土豆，几乎没有闲暇的时间。特别是萝峰庵附近的八亩地，从伏虎寺担粪过去全是上坡，当时还没有铺石板路，一遇阴雨天，布满青苔的泥路十分滑。钟书好几次连人带桶滚下山坡，弄得一身粪水稀泥。

常清法师在暗中观察，发现钟书许多地方与自己年轻时相似，于是决定收下这个弟子。年底，常清法师为钟书剃度，取法名演慈。两年后，演慈在新都宝光寺受具足戒，从此才成为真正的佛门弟子。

常清法师

（二）

出家人的生活是清苦而又单调的，从凌晨四五点起床早课、工作、晚课，一直到下午六点都安排得很满。我曾与她们一起吃斋饭，是缺油少味的简单素食，实在难以下咽，如果肚子饿得不行，偶尔充充饥还可以，长年累月如此，一般人很难忍受。而出家人长年累月持素，还有些老僧持斋，即不仅吃素，而且过午不食，仅一日二餐。

佛教在中国有众多的信众，但中国佛教从某种意义上讲是世俗化的宗教，人们烧香拜佛，捐资修庙，大都为了消灾弭祸、求子求财，保佑今世平安、来世幸福，总之功利性比较强。但演慈出家的确缘于对佛的敬仰和喜爱，她是想研究佛教，弘扬佛法。她说佛祖观察到一切众生都具有智慧种子，只是同时还有妄想、执着等将智慧的本来面目遮蔽了，因而坠入世间烦恼爱欲的漩涡之中，饱尝种种痛苦。

演慈初到峨眉山，白天除做地里的农活外，还要劈柴、担水，尽力做好寺里的其他杂活，晚上则认真研读佛教书籍。许多老尼都称赞她朝气蓬勃，给这座全是老比丘尼的古庙注入了生机。我见过她刚刚出家时的照片：苗条、天真，圆润光洁的脸上绽放着纯洁的微笑。

由于天资聪慧、勤奋好学、刻苦修行，1985年，演慈以名列前茅的成绩考入四川尼众佛学院。四川尼众佛学院是由著名佛学大师隆莲创办的中国第一座专门培养佛门女弟子的高等院校。

要想考入四川尼众佛学院是非常不容易的，需要出家三年，获当地佛教协会的推荐，品学兼优，更重要的是各门功课考试非常严格，只有成绩优异者才能被录取。四川尼众佛学院收生很少，每年在全国只招收几十名学生，能考入的都是佛门中的佼佼者。

但由于种种原因，寺里没同意演慈去深造，这令她十分伤心。进入佛教的高等学府是演慈多年的愿望，尤其是在四川尼众佛学院能常听到令人敬仰的隆莲大师讲课，这是她梦寐以求的。22岁的演慈实在想不通寺里为什么不让她去读书。她终日为烦恼所困，于是在一个月光黯淡的夜晚，收拾好自己的随身物品准备离开伏虎寺。行至山门，她仿佛听到一个声音在召唤，这声音亲切而又慈祥。她回头望去，见黑暗中东方持国天王、南方增长天王、西方广目天王、北方多闻天王的塑像威风凛凛，肃立在山门。四大天王虽然面呈怒相，但都具慈悲心肠，象征佛教的大无畏精神。演慈为之一震，如醍醐灌顶，甘露滋润，心地清凉，除却了疑虑和烦恼。她惭愧地低下头，提着

　采访宽亮法师

东西返身慢慢走回自己的房间。看着书架上的一册册佛教书籍，她明白了，只要具有无畏的精神，在哪里都能学到自己想得到的知识。从今以后无论遇到任何困难，她都到四大天王面前祷告，激励自己不逃避、不畏惧、去争取。

她更加精进地学习佛教典籍，修行中，她发现汉传佛教除《供天仪》《水陆斋仪》等大型佛事活动有相关仪轨书籍外，其他佛事仪轨皆为口耳相传，没有以文字记载的系统整理，而老一辈僧人不是圆寂，就是年事已高，很多仪轨将面临失传的危险。她下决心把这些资料搜集出来，编撰成书，于是开始翻山越岭，遍访各寺庙老僧尼。

年轻的演慈为把从恭敬、礼拜中请教得来的东西认真记录下来，用17年时间做了几十本笔记。有一次她去山上向一位老僧请教，老僧不屑一顾。她诚恳地反复请求，老僧依然不愿理睬，索性闭目养神。最后她只好含泪跪下。几个时辰过去了，老僧终于被她的精诚感动，才请全身僵硬、麻木已近失去知觉的演慈起来，并亲自搬凳请她坐下。老僧慈祥地看着这位年轻的比丘尼，双手合掌向着佛祖以无比虔诚的声音说："佛祖慈悲，峨眉山多几个这样勤奋好学的僧尼就好了！阿弥陀佛！"然后，老僧将自己毕生修行所积累的仪轨一一详细讲述唱念。演慈用心记载，不懂之处又虚心请教。此行让她获益匪浅。多年来，她除了以文字记载外，还学习绘图，把各种法器描绘下来，使读者一目了然。历时17年，她终于完成了《峨眉山佛事》一书，书中详细介绍了54种佛事的操作过程。这在峨眉山是绝无仅有的。

可以说《峨眉山佛事》一书不仅是对峨眉山弘扬佛教文化的一大贡献，也是对挖掘世界文化遗产，促进峨眉山旅游业发展的一大贡献。用佛家人的话讲，她写成此书是积了大功德。

2000年，她又写出《峨眉山尼众寺院》一书，介绍了伏虎寺尼众片区所管辖的雷音寺、纯阳殿、圣水阁、善觉寺和伏虎寺的历史沿革，使人们了解到近两千年的普贤道场是怎样从无一座比丘尼寺院发展到今天有五座比丘尼寺院的。同时，该书还简述了伏虎寺尼众片区怎样实行人事、经济统一管理和改革，把原来的子孙丛林建成十方丛林①，可以接待各地云游参学僧尼且具有公开传戒资格。

1996年，联合国应峨眉山申报世界自然与文化遗产而派专家组前来考察。专家组在伏虎寺观看演慈带领尼众做佛事，盛大隆重的佛事活动上香火缭绕、钟鼓齐鸣、法相庄严、袈裟辉映，给来宾留下了深刻的印象。事毕，一位斯里兰卡专家拍手称赞道："峨眉山的佛教文化如我们手上的戒指，而佛事相当于戒指上的钻石。"

伏虎寺一角

起源于印度的佛教发展壮大后，分三路向外传播，一路传到斯里兰卡，一路传入中国，一路到东南亚一带。斯里兰卡曾经是一个佛教非常兴盛的国家。中国最早的比丘尼二部僧戒，正是南北朝时由斯里兰卡的比丘尼来中国传授的，从那以后中国才有了正规的比丘尼传戒仪轨。由于比丘尼的戒规比较多，所以要受两次戒，首先请比丘尼传戒，再请比丘传戒，这就是佛教中所说的二部僧戒。

① 子孙丛林规模较小，财产属一僧或一系僧人所有，住持系师徒相承；十方丛林规模较大，财产属僧团共同所有，住持系公请诸方名宿大德担当。

演慈法师（中）

　　由斯里兰卡传入中国的二部僧戒，一千多年后在斯里兰卡本国反倒失传了。这位斯里兰卡的专家在伏虎寺考察之后十分感慨，她说，没想到峨眉山的佛教文化保存得这样完好，这是全人类共同的宝贵财富，应该纳入世界文化遗产加以保护。

（三）

　　伏虎寺五百罗汉堂建于清代中期，原为正方形木质结构，殿宇宏伟，五百罗汉皆镀金身。

　　"罗汉"是梵语"阿罗汉"的简称，是小乘佛教修行的最高果位。罗汉有三义——杀贼、应供、不生，意思是断除一切烦恼，应受人天供养，不再轮回生死。五百罗汉又称五百尊者，是佛祖释迦牟尼的常随弟子，离欲无诤，具三明、六通、八解脱等无相功德，他们遵守佛祖的教海，不入涅槃，常住人间，为众生造福。

在全国，有五百罗汉堂的寺庙不多，而伏虎寺五百罗汉堂及其中塑像在"文化大革命"中完全损毁。演慈担任伏虎寺监院后为保持寺庙格局的完整，供信众及游人瞻仰和朝拜，积极筹资重建五百罗汉堂。

从1995年3月19日至1999年5月8日，历时四年呕心沥血，共耗资五百万，新的五百罗汉堂在原址上建成。新建的罗汉堂占地2732平方米，是峨眉山唯一的五百罗汉堂，比以前更加庄严宏伟。

在修建罗汉堂的1500多个日日夜夜里，演慈法师亲自主持并参与工作。从庙宇的设计图纸到实地放样，从每尊罗汉的造型、尺寸、比例，到神态、表情、姿势以及手持的物件，都反复核对，多次修改。有时为了寻求一位尊者传神的表现，演慈查阅资料，苦思冥想，一坐竟是一夜。为了把好工程质量关，演慈每天无数次到施工现场，就所用材料、塑像的造型和标准，与工匠反复讨论，直到确定后才离去。看着演慈操劳，尼众们都为她的精神所感动，默默分担着寺里和工地上的大量工作。

演慈常为那些执迷不悟的人痛心，所以她很希望把善的愿望带给更多的人。演慈任伏虎寺监院以来，不仅主持重修了五百罗汉堂，而且还恢复了五观堂（斋堂）、念佛堂、法堂、祖堂，恢复了丛林洪轨、寺院共住规约、半月诵戒等，同时还制定了一套适应时代发展的新的寺院管理制度，包括对殿堂、观堂实行严格考勤，对寺院各大执事实行明细分工等。

规范的佛事活动以有相的形式接引众生，吸引了越来越多的朝山者，使伏虎寺的游人日益增加，香火也愈来愈旺。

1990年，在遍能法师的关心和努力下，演慈法师将峨眉山佛学培

训班（三月一期）改为峨眉山佛学院，学制三年。自佛学院尼众班成立

伏虎寺罗汉堂

鸟瞰伏虎寺

以来，演慈又倾注大量心血从事教学和管理工作。她主要讲授梵呗（即佛经唱念）课程。梵呗课很不好讲，内容深奥枯燥，还要用音韵连唱带念。许多人都称伏虎寺的佛事做得好，而梵呗正是佛事活动中最重要、最精彩的部分。

演慈到峨眉山二十多年来，从一个年轻比丘尼成长为峨眉山佛教协会副会长、伏虎寺监院、四川省佛教协会常务理事兼副秘书长、峨眉山市及乐山市政协委员、乐山市青年联合会常委、四川省青年联合会常委、四川省人大代表、中华全国青年联合会委员，其在佛学上的造诣、功德，不仅得到全社会的承认，而且也受到党和政府的重视。

演慈经常告诫尼众和居士们，共产党的宗教政策让出家人受到社会的尊重，我们在弘扬佛法，为众生消灾弭祸的同时，还应该积极为社会多做善事，为峨眉山保护世界两大遗产多做贡献，为乐山旅游业发展添砖加瓦。基于这种思想，她非常注重培养佛门女弟子。她有五位正式拜她为师的弟子，分别是——宽忍、宽孝、宽亮、宽祥、宽严，每个弟子的名字里都包含着她的期望。

（五）

演慈法师的火化仪式很隆重，除了众多的友人、居士外，还有一群引人注目的年轻的比丘尼念着"阿弥陀佛"为她送行。在她们脸上，除了虔诚和慈悲外，还印着智慧，印着演慈法师留下的精神。她们如空谷幽兰，给尘世送去芬芳。

《峨山图说》奇遇记

峨眉山今天能广为世人所知，得益于20世纪40年代美国人费尔朴（Dryden Linsley Phelps）将《峨山图说》翻译成英文，使之跨越千山万水，传播到不同的文化之中，令更多人来峨眉山寻景、寻诗、寻画，更寻灵魂的解脱之道。而这一切又得从一本清代时撰写的描述峨眉山的图书——《峨山图说》谈起。

《峨山图说》

（一）

　　事情缘起于清朝光绪十一年（公元1885年）。终日郁郁寡欢的光绪皇帝忽然提出要到峨眉山祭祀，这是峨眉山历史上第一次有皇帝准备正式前来祭祀。

　　在交通不发达的古代，到蜀地四川之途就如李白诗文中描写的那般，"蜀道难，难于上青天！"因此，即便皇帝有到峨眉山的想法，大臣们也会以各种理由劝阻，让皇帝改选在离京城较近的五台山，更别说那一年光绪皇帝才虚岁十五。不过，光绪皇帝提出要去峨眉山，大臣们也不敢怠慢，于是赶紧张罗开来，至于最后能否成行则另当别论。

　　四川道台黄绶芙受命后，即令湖南籍举人、诗人、画家谭钟岳前往峨眉山，描绘山上庙宇和胜迹，弄清沿途详情，以备皇帝驾临时诸多安排。谭钟岳是个务实认真的人，他于次年出发，在峨眉山奔波劳碌半载，以脚步丈量各寺院间的距离，作画64幅，写诗46首，并写下一些关于山上胜迹的笔记。当时全山有120座寺院，其中一半以上得到绘图记载，最后形成《峨山图说》手稿。

　　从光绪十三年（公元1887年）至光绪十七年（公元1891年），《峨山图说》几经蹉跎，终于在成都会文堂镌刻出版。图书采用木雕版，以宣纸印刷、套印图画，最后锁线装订。受当时印刷技术限制，《峨山图说》印量十分有限，但它仍是历史上关于峨眉山的最全面、最详细的图文并茂的珍贵资料。

　　谭钟岳在《峨山图说》的序中写道：

　　　　丙戌夏，钟岳从公嘉州，奉檄绘峨山全图，缘大夫接奉朝命特颁祀典，将以图进呈也。钟岳虽不敏，义不获辞，遂橐笔前往。栉

《峨山图说》中所绘报国寺　　　　　　　　峨眉山报国寺

风沐雨，縋险涉幽，常遇巨蟒，大如斗，修十余丈。又虎叠其间而皆不见害。形劳心旷，疑有神助，历半载而图成。所历胜迹，一水一石未尝遗漏，亦小臣涓埃之效也。

　　然而，光绪皇帝最终还是无缘来峨眉山。中法战争爆发后，接着又是甲午战争，再后来"戊戌变法"失败，光绪皇帝在幽禁中死去。他的一生充满屈辱与哀怨，本是专门为他编写的《峨山图说》，也许他根本没有看到。

（二）

　　时光飞逝。1921年，美国人费尔朴远渡重洋来到四川，两年后在成都华西协合大学文学院担任教授，同时又在华西协合中学兼任英文教员。

　　这位1899年生于美国，毕业于加州大学东方学院的哲学博士，每到暑假都要与一群同在华西任教的外籍教师到峨眉山新开寺避暑。一

费尔朴和他女儿（张颖明提供）

天，费尔朴意外看到了线装刻本《峨山图说》，不禁被它精美的图画、诗歌、历史地理记述吸引。他爱不释手，立刻出资购买下来，回家后经常翻阅，用他自己的话说，可谓"久而益觉其意趣之丰厚"，以后逐渐萌发了将《峨山图说》翻译成英文，向世界介绍峨眉山的念头。

可是《峨山图说》是文言文，对于一个粗通汉语，主要教授莎士比亚戏剧、白朗宁诗歌的外国人来说，翻译《峨山图说》几乎是一件可望而不可即的事！且不说《峨山图说》中那些优美而又言简意赅的辞藻很难用英文表述，其中还有大量佛教词汇，有些词汇原本是由古梵语翻译成汉语的，有意译和音译两种译法，再将其翻译成英文，是否出现歧义？

费尔朴犯难了，最后想到了他的同事，同在华西协合大学任教的考古学家葛维汉（David C. Graham），便去向他请教。

葛维汉（1884—1962）是美国阿肯色州人，1920年获芝加哥大学宗教心理学硕士学位，后来又获得文化人类学博士学位，博学多才，精通汉语。他主持过广汉的文物发掘工作，拉开了三星堆考古的序幕，还对中国西南少数民族进行了大量调查研究。

葛维汉听闻费尔朴的想法，大加赞赏，建议他对峨眉山历史文化进行系统研究。费尔朴备受鼓舞，在授课之余，开始一面深入学习汉语，一面研究《峨眉县志》《嘉定府志》《眉州志》等方志书籍。他不仅埋头于书斋，还在假期背上行囊赶往峨眉山进行田野调查，以掌握第一手资料。

费尔朴在翻译中首先遇到的难题是字音。古代中国没有汉语拼音，在教学生字时，常使用反切法注音，即将两个常见的字组合起来给生字注音。这个方法一是太繁琐，二是注音不准。民国后，虽然开始使用注音符号，但不易为欧美人掌握。我们现在使用的拉丁字母式的《汉语拼音方案》，是1958年才正式使用的。不清楚字音，如何解决书中的地名、人名等的翻译问题？费尔朴想出一个细致而又科学的方法：首先是按在田野调查中听到的读音用威氏拼音来注音，虽然可能有失准确，但较符合英语拼读习惯；其次为保万无一失，附上中文；最后再意译成英文。

再有，就是原书作者的图解采用中国的方位系统标注方向，读起来十分费解。为了让西方人易于理解，费尔朴认真研究中国罗盘，将其与西方的定向系统结合，梳理出一种新的便于西方人理解的定向法。

经过三年半的努力，费尔朴克服了种种令人难以想象的困难，终于在1935年完成了《峨山图说》的翻译。中英文对照版《峨山图说》，改名为《峨山图志》，由成都日新印刷工业社代印。费尔朴在扉页上写道："余素爱名山，始自髫龄，实受吾父之灵感，爰以此书献于吾父费长乐。"时任峨眉山接引殿住持的圣钦和尚应费尔朴之邀，为其翻译的《峨山图志》作序。圣钦在序中写道：

> ……美人费尔朴君在川侨居，于南台寺来函，叙及彼欲识得此山之真面目，遂不分寒暑，有暇辄一登临，复不惮烦劳，觅得《峨眉山图说》佳本，视同奇珍，延聘高士校阅，刊印流传，并译成英文以贡彼都人士……

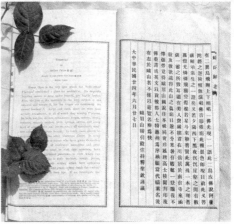

1936年出版的中英文对照《峨山图志》　　圣钦方丈作序

费尔朴自己也写了一篇序，简略描述了对峨眉山的感悟以及翻译的经过。这篇序有洋洋洒洒近两千字，文辞优雅，令人感慨：

> ……未几，余复为峨山而神往，盖数百年来之醉心于此山者固不胜枚举。尝结伴香客，攀临此山之巅，深入檀林，遍谒神殿。严冬则积雪莹莹，盛夏则芳草青青，晨则旭日初升，金光灿烂，夜则皓月当空，银色荡漾，于是乎始睹此山之真面目焉。

在序言中，费尔朴还向鼎力相助的朋友致谢，如最后校阅全书的四川大学教授黄方刚①，指导他以罗盘辨别方位的谢静山，指点佛学知识的佛门大师太虚，还有圣钦长老、刘豫波②，峨眉县长赵明松，等等。

一个人能有如此成就绝非一朝一夕之功！

---

① 黄方刚（1900—1944），江苏省川沙县人，中国民主建国会创始人黄炎培之子。
② 刘豫波（1857—1949），四川著名诗人，成都双流人，光绪二十三年（公元1897年）拔贡，曾担任四川省参议员，是成都有名的"五老七贤"之一。

费尔朴自小爱山。他生于美国科罗拉多的落基山脉间，稍长便常出入于加利福尼亚塞拉山，每逢假日，策马于摩哈朱沙漠，徘徊于塞拉山的松林间。后返英格兰老家，见家中珍藏有不少扶杖、登山器具，都是祖上攀登欧美诸名山留下的纪念之物。前辈们不畏险阻、好探幽胜的兴致，直到年老也毫不衰减。一次，费尔朴的父亲与人同登四千多米的派克峰，忽然风雨交加，河水泛滥，费父率人勇往直前，泅水渡江，没有一丝气馁。父辈们坚强的意志力，给费尔朴自幼就留下了难以磨灭的印象。待年纪稍长，费尔朴便与父亲登山，先后攀登过缅因州克塔山顶峰，加利福尼亚州的秃顶老山、灰背山等。

　　费尔朴到华西协合大学任教的第一个暑假，与华西协合大学边疆研究会的同事一道，游历了贡嘎山、绒米章谷、巴底、巴旺等地，并拍摄了大量照片。这些地方今天属于四川省甘孜藏族自治州，其中丹巴县下辖的巴底乡，因多次在甘孜州选美中夺冠而被赞为美人谷，而在巴旺乡，至今还能看到巴旺土司官寨的遗迹。

　　我曾几次去过这两个乡，感觉那里的道路似乎永远修不好，车开过，颠簸震荡，尘土飞扬，尤其是每到夏天雨季来临时，滑坡、塌方犹如家常便饭。这里是我国地质灾害最频繁的地区之一。2003年7月11日晚10时30分左右，一场特大的泥石流从天而降，造成巴底乡51人死亡或失踪。那些被冲毁的房舍、犬牙交错堆积在山谷中的巨石，至今让人不寒而栗！然而，八十多年前，费尔朴的脚步就到达那里，那时除了靠马匹通行外，更多靠自己的脚力徒步翻山越岭，这不能不让人佩服！

　　我协助孙建秋老师辨识其父孙明经1938年在峨眉山、乐山拍摄的老照片时，孙建秋老师谈到《定格西康》一书。她讲起父亲回忆的一件事：

　　1938年，他们在四川峨眉山、乐山、自贡等地考察完后，正打算去西康省，可是一些人听说那里土匪猖獗，道路艰难，便找各种借口打退堂鼓。而孙明经则去华西协合大学拜访了一位美国人，因为他听说此人曾去西康等地考察，对当地情况比较了解。这个美国人就是费尔朴。最终，孙明经等四人坚持去了西康省，并在德格、甘孜、康定等地拍摄了大量珍贵的照片，成为今天研究西康历史文化的重要资料。

费尔朴通过翻译《峨山图说》，推开了进入中国文化宝库的大门，逐渐成为中国西南文化人类学学者。正如他对峨眉山研究的心得："扩而充之，且可使余深体中国人之精神，更进则其将为此精神之天才与真理发扬于西方之一助欤。"可以看出，费尔朴是将峨眉山当作代表中国人精神品格的象征来研究的。他深信中华文化的精髓将有助于西方文化的发展。

1952年，费尔朴带着无限眷恋与无奈离开了中国，这一年，他53岁。他在中国度过了美好的青春年华，带走了《峨山图志》，以及无数

峨眉山六大古寺之一归云寺（后更名华严寺），现已废　　《峨山图志》中所绘华严寺

值得回忆的往事。也许，他无论如何也想不到，他翻译的这本《峨山图志》，后来有了更传奇的经历。

（三）

在美国人费尔朴历经千辛万苦翻译《峨山图说》之后，瑞典人马悦然邂逅了这本书。

马悦然（Goran Malmqvist，1924—2019）出生于瑞典南部，是蜚声世界的汉学家，18位诺贝尔文学奖终身评委之一。他曾经翻译过《水浒传》《西游记》，并向西方介绍《诗经》《尚书》《论语》《孟子》《庄子》《荀子》《史记》《礼记》等中国古典著作，是个地道的"中国通"。

他与中国有深厚的渊源，他的第一任妻子是个成都姑娘，妻子过世后，他仍又找了一位中国女子。

马悦然对中国的兴趣最初源于林语堂的英文版《生活的艺术》，于是他拜瑞典汉学家高本汉为师，以《道德经》为起始点，开始了对中国文化的探寻。1948年，马悦然申请到美国洛克菲勒基金会的奖学金，来中国调查方言。高本汉由于早年的研究方向主要集中在中国北方方言，对南方语音系统相对陌生，便让其弟子马悦然到四川进行方言调查。而此时，马悦然还不会说汉语！他在重庆、成都仅用了两个月的时间，便粗略学会了西南官话。接着，他到达乐山。他觉得乐山方言极有特色，保留了许多古音，于是想把研究重点放在乐山。

时任乐山县长得知他的想法后，写信恳请峨眉山报国寺方丈果玲让马悦然住在庙里，以便从事方言调查。

县长与果玲相识，知道果玲出家前曾在大学里教授国文等课程，颇有学问，不少到峨眉山游览的文人雅士，都以能与他唱和诗词为荣，

齐白石赠果玲法师的画，
现存峨眉山博物馆

郭沫若、齐白石等人均为果玲和尚留下墨宝。

县长心想，马悦然如果能得到果玲和尚的指点与帮助，必定大有收获。在征得果玲和尚的同意后，马悦然于1949年的大年初一来到位于峨眉山麓的报国寺。当时报国寺为峨眉山出家人最多的寺院，住有40名和尚。果玲和尚每天早饭后为马悦然授课两小时，首先是四书，即《大学》《中庸》《论语》《孟子》，接下来又教汉朝五言诗、乐府，魏晋南北朝诗、《唐诗三百首》等。课余时间，马悦然经常到附近乡间记录当地方言，他觉得峨眉方言最特殊的是去声变入声；又发现"四"与"十"同音，只是调值不同。庙里的其他和尚以及附近的农夫见一个外国人热心学习和研究峨眉方言，既惊讶好奇，又充满热情，亲热地称他"马洋人"。

马悦然在报国寺生活了八个月，不但与果玲建立了深厚的友谊，也与寺里的其他和尚成为朋友。其中五个约八九岁的小和尚发现马悦然喜欢花后，专门到山里为他挖回一棵灌木玫瑰！有一天晚上，他们还抓了许多萤火虫，请马悦然到山门后的大天井里观看黑夜里萤火虫飞舞时划出的美丽金线。

这期间，马悦然听果玲谈起过《峨山图说》，但是并没有见到，心里非常遗憾。

马悦然从报国寺返回成都时，在途中遭遇劫匪，随身所带的行李被洗劫一空。因为拮据，马悦然只好省吃俭用，成天光顾书店打发时间，不料却意外而惊喜地在一个卖古旧书籍的铺子里淘到《峨山图说》！以后他绕道香港，远渡重洋，返回瑞典，将这本木版刻印的线装书视为宝贝，珍藏在自己家中。

这趟调查之行，不仅让年轻的马悦然在中国南方方言的调查研究上收获颇丰，奠定了他终生研究的基础，也让他赢得了成都姑娘陈宁祖的心，使他的婚姻生活充满浪漫与幸福。

（四）

在马悦然得到《峨山图说》的20年后，也就是1969年的8月，香港每15年举办一次的菊花诗歌比赛大会上，一位八十高龄，名覃斌森的老人获得第一名。一名爱好中国文化的瑞典医生Per Udden参加了这个活动。这位不会讲汉语的Per Udden，与只会讲汉语的覃斌森成了朋友。

Per Udden认为有必要让瑞典人见识一下覃斌森，于是到北欧航空公司香港总局，以不容商量的口吻要那里的工作人员给覃斌森一张香港到瑞典的往返机票，理由是瑞典人从未见过菊花诗比赛得第一名的中国老诗人，他们要与这位诗人见面。

北欧航空公司还真答应免费给覃斌森老先生一张香港到瑞典的往返机票，欢迎他去瑞典。

覃斌森老先生在Per Udden家住了很长时间。有一天，Per Udden不得不出差一周，于是，他给素未谋面的马悦然打电话，请马悦然到一家中餐馆吃饭，目的是要他把覃斌森老先生接去，好好照顾老人住一周，直到自己出差回来。

覃斌森是诗人，马悦然收藏的中文书籍中诗歌很多，覃斌森、马悦

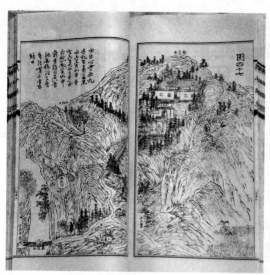

《峨山图说》中所绘黑水寺 　　　　　　　峨眉山六大古寺之一黑水寺，现已废

然、马悦然的妻子陈宁祖三人经常在花园里谈论诗歌。覃斌森还对马悦然写的诗歌提出修改意见。

　　瑞典的8月，气候温暖，鸟语花香，是一年中最好的季节。在这种氛围下写诗论诗，真是悠然惬意！一周的日子眨眼就要结束了。

　　就在最后一个晚上，不知何故，他们说到峨眉山，马悦然谈起自己在报国寺那几个月的生活经历，以及在乡间的田野调查。覃斌森听罢，说自己的父亲曾经受四川道台黄绶芙之命，到峨眉山描绘庙宇与胜迹。为此，父亲在峨眉山住了大半年，绘了64幅画，作了46首七言绝句，并写了很多关于峨眉山胜迹的笔记。后来父亲的手记木刻出版，书的标题页上虽然写的是黄绶芙撰，但是此书其实是覃父独自完成的。由于父亲早逝，他从未看到过父亲这本书，甚至连父亲的手迹也没见过。多年来，他一直在寻找，但是毫无结果。

　　说到此，覃斌森十分伤感。他1949年去香港定居，那个年代，要从香港回故乡很难，这位八十高龄的老人几乎绝望了。

马悦然听罢大惊，赶紧到书房里拿出珍藏已久的《峨山图说》。覃斌森一见到书，禁不住泪流满面。原来《峨山图说》作者谭钟岳正是覃斌森的父亲！①这本书正是他一辈子都在寻找、日思夜想盼望得到的父亲的遗作！

震撼之余，马悦然将心爱的《峨山图说》赠送给了覃斌森老人。他们俩都对这段奇妙的缘分感到震惊！

我见过覃斌森老人的照片，须发尽白，长髯飘飘，清瘦的身躯着一袭长衫，颇有几分仙风道骨，从他的身上可以大致推测出其父谭钟岳的模样与气质。

谭钟岳以艰辛的付出，为后人记录下峨眉山这份自然与文化遗产；马悦然以千里迢迢、不弃不离的执着，保护了这份珍贵的资料。他们都爱着峨眉山！

1984年，四川人民出版社首次出版发行《峨山图说》。《峨山图说》历经多年的辗转，终于回到了故乡。

十多年后，我在峨眉山万年寺采访一位法师，记得那是一个雨天，庙里很清净，法师给我讲了许多往事。临别时，他说送我一本书，不料竟然是我梦寐以求的线装《峨山图志》，费尔朴译，中英文对照。实在让我喜出望外！这本书后来我读过多次，每次阅读都令我不禁遐想：峨眉山还有多少不为人知的故事？

（五）

2008年秋，我在报国寺给来自北京的师生讲峨眉山佛教历史文化，最后一节课上，我讲到了《峨山图志》。当讲到覃斌森老人见到父亲遗作

---

① 覃斌森老先生自己将姓氏"谭"的言旁删去，改姓"覃"。个中原因，笔者不得而知。

时，大家不禁鼓起掌来，有几个女生忍不住潜然泪下。

那时，我在心里暗暗发愿，要挖掘《峨山图志》背后更多不为人知的秘密。

2012年4月26日，我受邀到成都宽窄巷子参加一个老照片展。那些珍贵的老照片是清末民初来四川工作的加拿大人保存下来的。

在张颖明先生的帮助下，我从几百张老照片中找到一张费尔朴中年时期的照片，只见他西装革履，怀抱大熊猫，清瘦的脸上洋溢着开朗的笑容。这是我第一次目睹费尔朴的真容，尽管照片很小，但我还是感到一丝欣慰：对与《峨山图志》有关联的三个主要人物之一总算有了大致概念。

我向展览主办方打听费尔朴后人的消息，却杳无音讯。

2013年，我在开展课题"清末民国时期外来文明对乐山社会发展的影响研究"时，陆续搜集到关于赫斐秋（Virgil C. Hart）、启尔德（Omar L. Kilborn）、文幼章（James Gareth Endicott）、谢道坚（C. W. Service）、苏继贤的（Waker Small）、孔昭潜（Albert P. Quentin）、谭国良（A. J. Barter）、梁正伦（Alexander Stewart Auer）等人的文字资料和照片，可是关于费尔朴，却依旧只有那一张小照片。

1887年美国人赫斐秋与峨眉山佛门朋友合影

2015年秋，我赴加拿大采访文忠志。他告诉我，2002年他到乐山时，曾特地去峨眉山新开寺寻访故居，峨眉山罗目镇和平村12组的赵

峨眉山栈道旧貌（峨眉山景区管委会提供）

1935年，峨眉山伏虎寺牌坊（峨眉山景区管委会提供）

清末峨眉山僧人（谢道坚后人提供）

一群留长辫的清兵到达峨眉山寺院（谢道坚摄）

谢道坚一家去峨眉山途中

青和、鞠安村8组的李金明给他当向导，三人在山上扎帐篷住了一夜。说到高兴处，87岁的老先生起身去书房，有些神秘地说要拿一样稀奇的东西给我看。出人意料，他给我的竟是1936年出版的费尔朴翻译的《峨山图志》！我忙问他是否认识费尔朴。文忠志先生答："当然。不过费尔朴比我高一辈，是我父亲的朋友。"他又指着我坐的沙发说："当年费尔朴来我家，就坐在你现在所坐的位置，《峨山图志》就是他那次来时赠送的。"我以为找到了费尔朴的线索，可是文忠志老先生接着说："那次拜访之后，费尔朴与文家再无联系。"

线索再次中断！

两天后我在加拿大欧文桑德（Owen Sound）采访九十高龄的云达乐，才终于峰回路转，穿越历史，与费尔朴相遇。

云达乐（Don Willmott）是云从龙（Leslie Earl Willmott）的长子，1925年出生在四川仁寿县，是父亲创办仁寿华英中学（仁寿一中的前身）之外的成果。云达乐的童年和少年时期，在黄思礼担任校长的"CS学校"读书，因此会讲一口流利的四川话。1944年，19岁的云达乐被招募到美国空军情报部门担任中文翻译，参与中国的抗日战争。2005年，受中国政府邀请，云达乐到北京参加纪念抗日战争胜利六十周年庆典，并被授予"中国人民抗日战争胜利六十周年"纪念章。

但我见到他时，由于长时间不用中文，加上听力障碍，云达乐几

峨眉山金顶肉身菩萨（云达乐摄）

乎不能讲中文了。

一天，他陪我去看了白求恩曾经就读的学校。返回途中，不知什么触动了大脑深处的记忆，他忽然冒出不连贯的四川话："我，不乖，以前……很不乖！"我有点发愣，不知道这句没头没脑的话要表达什么意思。过了一会，他摇摇头，改用英文说："我小时候和费尔朴一起爬到乐山大佛的头顶上。"他和费尔朴居然莽撞地爬上过大佛头顶？！乐山大佛依山而凿，通高71米，脚下岷江、大渡河奔流而过，现在沿着佛像一侧有护栏的栈道行走，尚且心惊胆战，他们居然徒手攀爬？我心里正想着，大约我发愣的样子让他为自己曾经的冒失感到羞涩，他连连打躬作揖，又用四川话说："罪过！罪过！"

回到家，云达乐立刻打开电脑，将储存的老照片给我看。映入眼帘的是我再熟悉不过的乐山大佛。云达乐指着大佛头顶上的两个人说："站前面的是费尔朴，后面矮的那人是我。"照片拍摄时间大约在20世纪30年代，那时他们去峨眉山避暑，途中游览乐山大佛。接着他又一一向我讲解后面的老照片：在峨眉山鸡婆凼嬉水，制作航模，与费尔朴的儿子在美国军舰上玩，等等。

从他的讲述中，我得知费尔朴一家与云从龙一家关系非常密切，可以算作世交。两家常聚在一起吃饭、喝茶、聊天，费尔朴甚至还与云达乐的母亲云瑞祥合作出版了英文诗集《峨眉山香客集咏》。[1]

云达乐说费尔朴原本想在《峨山图志》翻译完成之后，再对乐山大佛进行研究，于是爬到大佛头顶实地察看古代中国是如何在山崖上开凿巨型佛像的。可是因为诸种原因，这项研究未能如愿完成。

云达乐深受父亲和费尔朴的影响，尤其是在学术研究方面。抗日战

---

[1] 云瑞祥毕业于美国哥伦比亚大学，获文学硕士学位，来四川后在华西协合大学教授英文和诗词。

争结束后，云达乐于1946年7月退伍，不久进入美国康乃尔大学学习，先后获人类学博士学位和社会学博士学位。他本来准备到中国实地考察研究后完成第一篇博士论文，希望学习结束后留在中国工作，可是1950年，中国的大门关闭了，无可奈何的他只好选择到华人较多的印度尼西亚去做中国研究。于是，便有了他的人类学博士论文《侨胞在印尼》。

云达乐获得第一个博士学位后，中国大陆还是没有开放。他不死心，决定再攻读社会学博士，一边储备知识，一边等待时机。但希望依旧渺茫，他只好再次到印度尼西亚，在爪哇岛研究华人。《华侨的生活状态》一书就是他的社会学博士论文。这两篇论文，后来均成书，由美国康乃尔大学出版社出版。

云达乐认为费尔朴是将峨眉山当作中国人精神品格的象征来研究的，而云达乐自己则在印度尼西亚研究华人，做的也是中国人精神层面的研究。

说罢，他到楼上书房里取出珍藏的1936年版《峨山图志》。在云达乐的讲述中，费尔朴的形象越发丰满起来。

费尔朴的幼子在四川宜宾病逝，费尔朴悲痛之余，为纪念儿子，捐资建了青年社，以帮助更多的青少年获得读书机会。费尔朴曾被列为三个"传教士中的布尔什维克"①之一，正因为他同情帮助学生。

20世纪40年代中期，十多所高等院校师生在南京举行"反饥饿、反内战"游行，不料竟遭到军警武力镇压，上百人不同程度受伤，二十多人被捕入狱。消息传出，一片哗然。华西协合大学的学生准备组织游行，声援被捕和受伤学生。为了不事前暴露，学生代表找到费尔朴，希望借他家客厅秘密开会。费尔朴反感国民党的独裁统治，同情手无寸铁

① 另外两位，一是英国人徐维理（William G. Sewell），另一位正是云达乐之父云从龙。

民国时期遭到严重损毁的峨眉
山万年寺普贤菩萨像（云达乐摄）

云达乐展示他保留的1936年
中英文版《峨山图志》

的学生，不但把客厅提供给他们，还煮咖啡款待大家。哪知会议刚开始，就有人堵上门来称"要抓共产党"。费尔朴赶紧打开窗户，帮助学生一一逃走。事后，几家国民党主办的报纸纷纷渲染"费尔朴事件"，说共产党在费尔朴家开会准备暴动云云。时任南京国民政府教育部部长的陈立夫闻讯大怒，责令华西协合大学解聘费尔朴。在各方人士的努力下，费尔朴才算躲过此劫。

因为戴助听器的缘故，云达乐平时言语比较少，采访他们俩时问题常被妻子Liz抢答。

Liz是美国人，与云达乐结婚后入加拿大籍，虽已87岁，但精力旺盛，声音洪亮，记忆力惊人，还喜欢开快车。初见她踩油门的架势，我一阵心惊肉跳。好在加拿大人口稀少，交通井然有序，使她老年依旧可以任性。不过我也由此大致推断出她年轻时的气势，云达乐大约只能低眉俯首。

云达乐继续给我讲述费尔朴的往事，谈论费尔朴与他的《峨山图志》。谈着谈着，不知怎么的，话题一下扯到费尔朴的女儿身上。那一瞬间，我看见他干涩的老眼里闪过一道温柔的光。我正诧异，Liz的高音从厨房里传出："Don——"云达乐一愣，马上不吱声了。Liz每每对他发号施令，总是先高声叫他的名字"Don"，然后布置任务。不过这次叫了名字却没有下文，似乎是一个警示。

抽油烟机的轰鸣与锅铲的碰撞声，竟然没有妨碍她听到我们的谈话。Liz三下五除二收拾好厨房出来，谈起她与云达乐在印尼的往事，一下子扯开了话题，滔滔不绝，丝毫不给我插话的余地。

原来她与云达乐是康乃尔大学的同学，颇有艺术天赋，若不是三个孩子和家庭的拖累，她或许会成为卓有成就的艺术家。这也成为她现在时不时埋怨云达乐的一个重要原因。关于在印尼的往事，Liz直说到口干舌燥。待她起身去冲咖啡的间隙，云达乐才用手悄悄做了一个鸭子不断张嘴的动作，意指妻子话多爱说。在Liz接下来的谈话中，云达乐一直未开口。我隐隐感到云达乐与费尔朴的女儿关系非同寻常，只是碍于Liz在场，不便冒昧打听，只好不了了之。

在欧文桑德三天的采访转眼结束了。离开时，我去向云达乐一家告别。云达乐问我是否还会再来，我一时不知该如何回答。无论是善意的谎言，还是如实相告，我都于心不忍。在我犹豫时，经历了九十载光阴的老人早已洞悉一切。他明白此生再难相聚，坚持把我送到门外，直到我登车准备启程时，他才忽然冒出一句："我差一点成为费尔朴的女婿。"

原来如此！

"为什么没走到一起？"我问。

云达乐悠悠地说："大约是上帝的安排吧！"

离开欧文桑德，我穿行在一望无际的枫叶林中。加拿大的秋天有令人沉醉的美，天高地阔，流光溢彩，让人不由联想起这个季节的峨眉山，联想起《峨山图志》，再细想与《峨山图志》相遇的人，无不与峨眉山有着特殊的一份缘。这份缘，让冥冥之中相遇的人暗自发下宏愿，犹如在人们心中播下一粒希望的种子。当种子与阳光、雨露、土壤相遇时，它就萌芽、生根、开花、结果，世世代代传递着永恒的依恋。

一个老僧的特殊修行经历
——访通孝老和尚

最后一次采访通孝老和尚是2007年年初，地点在大佛禅院。那一天，他把自己所有的积蓄都捐给了佛教协会。我问他为什么这样做，他说："钱对我来说没什么用了。"

当时我望着他慈祥而又睿智的面容，好一阵没有想明白。我知道他曾经因特殊原因还俗，结婚并有子女，也知道他的子女们日子并不宽

2007年在大佛禅院采访通孝法师（右）

裕。时隔不久，通孝老和尚在报国寺圆寂的消息传来。那一天是2007年8月31日，他86岁。这时我才似乎明白老和尚的用意，原来他爱众生如同爱亲人，菩萨之心的大爱超越了血缘之情。

（一）

通孝法师，1992年任峨眉山佛教协会副会长，2002年被礼请为四川佛教协会咨议委员会主席，2004年9月被礼请为峨眉山佛教协会名誉会长。他的一生坎坷蹉跎，又充满令人不可思议的戏剧性。

通孝法师

通孝法师俗姓蒲，名清康，四川射洪县人，1921年2月出生于一个富庶而又崇尚读书的家庭。其父蒲翔阶因为有秀才的功名，曾在盐务局某得一份不错的职位。后见清朝摇摇欲坠，天下动荡不安，遂弃官回乡，一边经营田庄，一边做起生意来。蒲翔阶善于经营，生意越做越大，子嗣也十分旺盛。他与两位夫人生育有八男八女，共16个孩子。

清康是大夫人的第二个儿子，由于从小聪颖，读书过目不忘，深受父亲赏识。父亲期望他将来能出人头地，光宗耀祖。

然而清康在14岁那年跟随家人到峨眉山拜佛时，在返回途中，撇下家人偷偷折回了峨眉山。家人心急如焚，四处寻找，终于打听到他在峨眉山。父亲一路追来，指望儿子只是一时冲动，体验了清苦生活后便知难而退。可是年少的清康却坚定地说要当和尚。父亲这才想起，儿子童年时也曾说过这样的话。父亲见到儿子后，恩威并施，终于把儿子带回家乡，并吩咐家人小心看管，以免再次出走。

哪知时隔不久，清康又一次不见了。这次他去了峨眉山大坪寺，他认为在这个处地偏僻、人烟稀少的寺院，可以躲避父亲与家人的寻觅。

大坪寺初为"净土禅院"，又称"大坪禅院"，始建于清顺治八年（公元1651年），由明末高僧松月法师开山主持修建。在峨眉山现代佛教史上，这里走出了三位有影响力的师兄弟，通孝便是其一，另外两位是通永、通禅。通永，峨眉山武术掌门人，110岁圆寂；通禅，便是著名教育家、佛学家、文学家南怀瑾。净土禅院地处峨眉山腹地，山势险峻，孤峰凌空，仅东、北两侧各有一陡坡可以上下，必经之地"猴子坡""蛇倒退"崎岖险要，让人望而却步。

清康到大坪禅院后，拜普遍长老为师，披剃出家，法名通孝。

《峨山图说》所绘大坪禅院

民国时期峨眉山大坪寺

父亲得知儿子又去了峨眉山，再次追赶而来。清康坚持躲着不见。父亲万般无奈之下，只得作罢。

普遍长老见通孝道心坚定，天资聪颖，十分欣赏。1934年，通孝在新都宝光寺受具足戒后，接着进入设在宝光寺的佛学院。这是普遍长老对他未来道路的最初规划。如果通孝一直按师父的规划发展下去，也许他的人生会是另一番景象。可是，历史是不能假设的。

（二）

从宝光寺佛学院毕业后，通孝萌发了去西藏学习佛法的念头。经过一番努力，虽然进入重庆缙云山汉藏教理院，但是由于经费与名额的原因，他只能当旁听生，这意味着他的一切学习和食宿费用等均需自理。

1940年5月通孝听闻高僧能海率几名弟子入藏，其中有峨眉山僧人普超，于是一路追到康定。由于错过时间，他只好与几个喇嘛结伴而行，翻山越岭，历时数月才到达拉萨，其间的艰辛一言难尽。

费了一番周折，通孝进入拉萨哲蚌寺。由于没有经费来源，他只好在寺院外搭帐篷居住，甚至为了糊口去当马夫。然而生活再艰苦，也没有动摇他的求学之心。

1944年，民国政府决定从在拉萨求学的汉僧中，择优选取前四名作为公费生。通孝以第二名的成绩入选，直至这时，他的生活状况才得到彻底改善。

经过十余年的苦学精修，通孝获得藏传佛教格鲁派最高学位——格西学位，他的上师多吉活佛为他取了一个藏名：多吉尚祖。

1949年夏，通孝法师离开西藏，启程返回峨眉山，经那曲、玉树等地到达德格时，受邀前往理塘的常青春科尔寺。不料到达不久，理塘爆发炭疽，大批人畜死亡，他只得赶紧离开。走到雅江时，恰遇解放军第十八军进藏。精通汉藏两种语言的通孝不但为十八军做群众动员工作，还劝阻藏军放下武器。

雅江地方政府与部队首长见通孝在群众中颇有威信，几次三番动员他还俗，为新中国做更多的贡献。经过一番思索，通孝终于答应。雅江

通孝法师保留的藏文经书

一名头人闻听此事后，立马托媒人前去提亲，一心想把自己的女儿许配给他。后来在地方政府、部队领导以及各方人士的极力撮合下，通孝与这位名叫玉珍的女子结为夫妇。

还俗后的通孝与妻子相继有了四个孩子，日子在幸福与忙碌中匆匆而过。不想"文化大革命"来临，他蒙冤被关入位于新都桥的甘孜州监狱。采访时，提及这一段经历，他嘿嘿一笑说："没啥子，出家人到哪里都一样。"很少有人能像通孝法师这样任凭风吹浪打，依旧从容不迫。

在狱中，通孝法师一直对峨眉山念念不忘。出狱后，他一边在甘孜州卫校任教，一边在等待返回的机会。1980年，通孝法师终于回到峨眉山。在他空空的行囊里，除了经书之外，有一只小巧的酥油茶筒，凝聚着他对藏地几十年的情感。

回到峨眉山，他时常自己打酥油茶喝，慢慢品咂，细细回味。一些新来的小和尚觉得酥油茶味道好，但又不敢向法师讨要，于是便估摸着法师打酥油茶的时间，借故上门蹭酥油茶喝。通孝法师心知肚明，但不点穿，仍旧慷慨布施。峨眉山出产的上等绿茶全国闻名，但他对酥油茶就是情有独钟。

不久，玉珍到峨眉山来看他，希望他念及曾经的夫妻情分，念及几个孩子，回心转意，还俗回家。可是通孝对她说："以后你不要来了，与孩子们好好过吧。"

玉珍默默流泪离开。

通孝法师说："我放下了她和儿女们，也放下了对红尘世界的牵挂。"

（三）

通孝回到峨眉山之初，佛教百废待兴，恢复工作举步维艰。他一边四处奔走，请回一些被遣散的老和尚，一边为收回寺院的管理权，与各种人物、各个部门周旋。峨眉山许多寺院在"文化大革命"中或被毁，或被占用，各占用单位又以各种借口推诿拖延，不愿归还，直到1985年，才收回五座寺院的管理权。

采访通孝法师

之后更重要的工作便是重建。在通孝法师主持重建的几座寺院中，位于峨眉山主峰的华藏寺重建最为艰难。1972年4月，由于不慎失火，庞大的华藏寺木结构寺院荡然无存，大量珍贵佛教文物付之一炬，附近大片冷杉及草甸也一并焚毁。大火熄灭很久之后，那些残垣断壁旁才逐渐搭起了一些简陋的房舍。20世纪70年代中后期登临峨眉山金顶的人，大约还记得租一件油腻腻的旧军大衣，蜷缩在四壁透风的木板房中过夜的情景。那就是当时金顶的写照。

通孝法师去华藏寺之前，在洗象池任监院，当时金顶修复迫在眉睫，却又有一大堆棘手的事阻挡在前难以推动，于是法师临危受命，出任华藏寺监院。据法师的一位弟子回忆，由于资金短缺，法师曾足蹬草鞋徒步去康定化缘，才最终买回三百多立方木材用于修复金顶。

为了赶在大雪之前完成房屋的主体建筑，法师与小和尚们昼夜忙碌在工地上。汗水湿透了衣衫，他就吩咐大家轮换着在火上烤，烤干了又继续干活。许多时候大家都睡了，他又去工地看护建材，提防木材、水泥被雨淋湿，还得防材料被盗。

清末《峨山图说》所绘峨眉山金顶

民国时期峨眉山金顶华藏寺一角

1935年的峨眉山金顶华藏寺

现在的金顶华藏寺

　　不管修建工作如何繁忙，法师坚持每日五点以前起床，坐禅诵经，晚上九点以后写日记。这样雷打不动的生活习惯，通孝法师在有生之年一直坚持着。

　　据通孝法师的另一位弟子回忆，师父对大家要求非常严格。修复华藏寺需要大量石块，为了节约费用，已经六十多岁的法师与大家一起去后山背石块，并给每人规定了每天的定量。最初这位弟子觉得累，便趁人不注意，找了一个僻静的地方躲起来打盹儿，以为神不知鬼不觉，殊不知刚躺下一会，老和尚就悄无声息地出现在面前。以后他又如法炮制，老和尚再一次"从天而降"，吓得他从此不敢偷懒。很多年后回忆起那段经历，他无限感慨，说自己对老和尚又爱又怕，老和尚的菩萨心肠时常是以金刚像显现的。

　　还有一位弟子回忆道，老和尚极其节俭，那些包裹过大殿房梁、佛像的小块红布，他都一一收集起来，用染料染过，拿来缝制僧衣。他高中毕业刚到华藏寺出家，曾经因为老和尚给他的僧衣将他染得满身发黑而不满。后来见德高望重的老和尚也身着补丁摞补丁的衣衫，才慢慢领会了老和尚的良苦用心。

采访通孝法师的弟子心空

据通孝法师的大弟子心空法师回忆，老和尚离世前曾说，他转世会回到峨眉山。老和尚唯一的遗憾是未能恢复大坪禅院。大坪禅院是他最初出家的地方，从那里，他走向了更广阔的世界。我相信他的灵魂也会回到那里。

　　通孝法师的一生正如他撰写的一副对联："勤修戒定慧，息灭贪嗔痴。"

通孝法师墨迹

第五章　乐山佛教田野调查笔记选

后记：大江东去　佛法西来

当我写完这部书最后一段文字时，远处似乎传来暮鼓晨钟，悠悠梵音。

回想起来，历史有太多的不可思议！

20世纪90年代，当我涉足峨眉山佛教历史文化时，那些缥缈的梵音便深深铭刻在心里。那是僧人们每天的功课。我曾在不同的季节、不同的时间与这些声音相遇，有过非同一般的感动与感悟。

那时，曾有一位法师对我说："有一天你会把峨眉山佛门的故事写下来，并传到很远很远的地方。"当时我只是淡淡一笑，并没有放在心上。那些距我很近的寺院，又似乎与我的生活相隔很遥远。我当时只是好奇佛门与众不同的生活方式，以及那些不为人知的历史文化。

直到某一天，多年对乐山、峨眉山佛门历史文化的关注和研究，尤其是大量对僧侣的采访，由田野调查积累起来的点点滴滴，忽然如同岩浆一般迸发出来。于是，我相继写下两部《布金满地》、长篇历史小说《最后的大佛》和数篇佛教文化学术论文，以及许多关于佛门历史文化的文字。

我认为，这是一种缘分！

此时，那位曾经预言我会将佛门故事传播得很远的法师已往生西方净土。但是时至今日，每当撰写与佛门有关的文稿时，我都会情不自禁地想起那位不同寻常的比丘尼。

对我而言，每一次记录与写作，既是一段心灵之旅，更是一次精神洗礼。

乐山是一座古老的城市，"峨眉山—乐山大佛"既是世界自然与文化遗产，也是这座城市最鲜明、最典型、最具代表性的文化地标。

近两千年来，源于古印度的文明结晶，在这块土地上碰撞、融合、发展，最后造就了独具魅力的中国佛教名山与佛教名城。

这里的山有佛性，这里的水有佛性，这里的人有佛缘……

很多年前，我就想将多年来对佛门的访谈和田野调查笔记整理并结集出版，后来由于各种原因被搁置了。

2017年，乐山市委、市政府启动了打造中国国际佛教文化旅游目的地项目，我受命撰写关于乐山佛教缘起与发展的专著。于是，便有了这本《梵境》。我动笔时正是春天，完稿在第二年冬季，如同佛门的吉祥结，开始与结尾连接，蕴含着特别的象征意义。

由于多种原因，本书只选取了十几位当代佛门僧人特别的经历和故事。其实，这个特殊群体里的每个人都有不同的命运和别样的生命轨迹，而记述这些经历，则可以折射出不同时代的印痕。

写完这部书稿，我意犹未尽，总觉得有遗憾，也算是余下一些空间，等待另外的缘分吧！

在此，对每一位支持与帮助我的领导、师长、友人表示深深的敬意和感谢！尤其要感谢峨眉山景区管委会、峨眉山佛教协会、乐山市文化广播电视和旅游局、乐山市文化艺术研究所、乐山市档案馆、峨眉山市档案馆。衷心感谢永寿大和尚、演妙法师、黄夏年教授、段玉明教授、王荣益先生等，以及不辞辛劳为本书拍摄了部分照片的陈维建先生。

如果将本书施惠者的名字一一罗列出来，那将是长长的一串。我把他们铭记在心里。

后记：大江东去 佛法西来

　　同时，我也向长期以来关心、帮助、支持我的读者朋友们致以最诚挚的谢意！假如这部拙著能带您从狭小的字里行间通向一个广大的世界，那，正是我所祈愿的！

　　　　　　　　　　　　　　　徐　杉

　　　　　　　　2019年1月18日于峨眉山七里坪工作室